# OEUVRES
## CHOISIES
# DE P. CORNEILLE.

---

TOME TROISIÈME.

---

A PARIS,
CHEZ LES ÉDITEURS,
rue des Grands-Augustins, 18.

# CHEFS-D'ŒUVRE

## DE

# P. CORNEILLE.

## TOME III.

PARIS, IMPRIMERIE DE POUSSIELGUE,
rue du Croissant-Montmartre, 12.

# CHEFS-D'ŒUVRE

## DE

# P. CORNEILLE.

TOME TROISIÈME.

A PARIS,
CHEZ LES ÉDITEURS,
RUE DES GRANDS-AUGUSTINS, 18.

1856.

# POMPÉE,
TRAGÉDIE.
(1641.)

# PERSONNAGES.

JULES CÉSAR.
MARC ANTOINE.
LÉPIDE.
CORNÉLIE, femme de Pompée.
PTOLOMÉE, roi d'Egypte.
CLÉOPATRE, sœur de Ptolomée.
PHOTIN, chef du conseil d'Egypte.
ACHILLAS, lieutenant-général des armées du roi d'Egypte.
SEPTIME, tribun romain à la solde du roi d'Egypte.
CHARMION, dame d'honneur de Cléopatre.
ACHORÉE, écuyer de Cléopâtre.
PHILIPPE, affranchi de Pompée.
TROUPE DE ROMAINS.
TROUPE D'EGYPTIENS.

*La scène est à Alexandrie, dans le palais de Ptolomée.*

# POMPÉE.

## ACTE PREMIER.

### SCÈNE I.
**PTOLOMÉE, PHOTIN, ACHILLAS, SEPTIME.**

PTOLOMÉE.

Le destin se déclare, et nous venons d'entendre
Ce qu'il a résolu du beau-père et du gendre.
Quand les dieux étonnés sembloient se partager
Pharsale a décidé ce qu'ils n'osoient juger.
Ses fleuves teints de sang et rendus plus rapides
Par le débordement de tant de parricides;
Cet horrible débris d'aigles, d'armes, de chars,
Sur ces champs empestés confusément épars,
Ces montagnes de morts privés d'honneurs suprêmes,
Que la nature force à se venger eux-mêmes,
Et dont les troncs pourris exhalent dans les vents
De quoi faire la guerre au reste des vivans,
Sont les titres affreux dont le droit de l'épée,
Justifiant César, a condamné Pompée.
Ce déplorable chef du parti le meilleur,
Que sa fortune lasse abandonne au malheur,
Devient un grand exemple, et laisse à la mémoire
Des changemens du sort une éclatante histoire.
Il fuit, lui qui toujours triomphant et vainqueur
Vit ses prospérités égaler son grand cœur;
Il fuit, et dans nos ports, dans nos murs, dans nos villes;
Et contre son beau-père ayant besoin d'asiles,

Sa déroute orgueilleuse en cherche aux mêmes lieux
Où contre les Titans en trouvèrent les dieux.
Il croit que ce climat, en dépit de la guerre,
Ayant sauvé le ciel, sauvera bien la terre,
Et, dans son désespoir à la fin se mêlant,
Pourra prêter l'épaule au monde chancelant.
Oui, Pompée avec lui porte le sort du monde,
Et veut que notre Egypte, en miracles féconde,
Serve à sa liberté de sépulcre ou d'appui,
Et relève sa chute ou trébuche sous lui.
C'est de quoi, mes amis, nous avons à résoudre.
Il apporte en ces lieux les palmes ou la foudre :
S'il couronna le père, il hasarde le fils ;
Et, nous l'ayant donnée, il expose Memphis.
Il faut le recevoir, ou hâter son supplice,
Le suivre ou le pousser dedans le précipice.
L'un me semble peu sûr, l'autre peu généreux,
Et je crains d'être injuste ou d'être malheureux.
Quoi que je fasse enfin, la fortune ennemie
M'offre bien des périls ou beaucoup d'infamie :
C'est à moi de choisir ; c'est à vous d'aviser
A quel choix vos conseils me doivent disposer.
Il s'agit de Pompée, et nous aurons la gloire
D'achever de César ou troubler la victoire ;
Et je puis dire enfin que jamais potentat
N'eut à délibérer d'un si grand coup d'état.

PHOTIN.

Seigneur, quand par le fer les choses sont vidées
La justice et le droit sont de vaines idées ;
Et qui veut être juste en de telles saisons
Balance le pouvoir, et non pas les raisons.
Voyez donc votre force, et regardez Pompée,
Sa fortune abattue, et sa valeur trompée.
César n'est pas le seul qu'il fuie en cet état ;
Il fuit et le reproche et les yeux du sénat,

## ACTE I, SCÈNE I.

Dont plus de la moitié piteusement étale
Une indigne curée aux vautours de Pharsale ;
Il fuit Rome perdue, il fuit tous les Romains,
A qui par sa défaite il met les fers aux mains ;
Il fuit le désespoir des peuples et des princes,
Qui vengeroient sur lui le sang de leurs provinces,
Leurs états et d'argent et d'hommes épuisés,
Leurs trônes mis en cendre, et leurs sceptres brisés.
Auteur des maux de tous, il est à tous en butte,
Et fuit le monde entier écrasé sous sa chute.
Le défendrez-vous seul contre tant d'ennemis ?
L'espoir de son salut en lui seul étoit mis ;
Lui seul pouvoit pour soi : cédez alors qu'il tombe.
Soutiendrez-vous un faix sous qui Rome succombe,
Sous qui tout l'univers se trouve foudroyé,
Sous qui le grand Pompée a lui-même ployé ?
Quand on veut soutenir ceux que le sort accable
A force d'être juste on est souvent coupable ;
Et la fidélité qu'on garde imprudemment
Après un peu d'éclat traîne un long châtiment,
Trouve un noble revers, dont les coups invincibles
Pour être glorieux ne sont pas moins sensibles.
Seigneur, n'attirez point le tonnerre en ces lieux ;
Rangez-vous du parti des destins et des dieux ;
Et, sans les accuser d'injustice ou d'outrage,
Puisqu'ils font les heureux adorez leur ouvrage ;
Quels que soient leurs décrets, déclarez-vous pour eux,
Et pour leur obéir perdez le malheureux.
Pressé de toutes parts des colères célestes,
Il en vient dessus vous faire fondre les restes ;
Et sa tête, qu'à peine il a su dérober,
Toute prête de choir cherche avec qui tomber.
Sa retraite chez vous en effet n'est qu'un crime ;
Elle marque sa haine, et non pas son estime ;
Il ne vient que vous perdre en venant prendre port,

Et vous pouvez douter s'il est digne de mort!
Il devoit mieux remplir nos vœux et notre attente,
Faire voir sur ses nefs la victoire flottante;
Il n'eût ici trouvé que joie et que festins :
Mais puisqu'il est vaincu qu'il s'en prenne aux destins.
J'en veux à sa disgrâce, et non à sa personne;
J'exécute à regret ce que le ciel ordonne,
Et du même poignard pour César destiné
Je perce en soupirant son cœur infortuné.
Vous ne pouvez enfin qu'aux dépens de sa tête
Mettre à l'abri la vôtre, et parer la tempête.
Laissez nommer sa mort un injuste attentat:
La justice n'est pas une vertu d'état.
Le choix des actions ou mauvaises ou bonnes
Ne fait qu'anéantir la force des couronnes;
Le droit des rois consiste à ne rien épargner.
La timide équité détruit l'art de régner :
Quand on craint d'être injuste on a toujours à craindre,
Et qui veut tout pouvoir doit oser tout enfreindre,
Fuir comme un déshonneur la vertu qui le perd,
Et voler sans scrupule au crime qui le sert.
C'est là mon sentiment. Achilas et Septime
S'attacheront peut-être à quelque autre maxime:
Chacun a son avis; mais, quel que soit le leur,
Qui punit le vaincu ne craint point le vainqueur.

ACHILLAS.

Seigneur, Photin dit vrai ; mais quoique de Pompée,
Je voie et la fortune et la valeur trompée,
Je regarde son sang comme un sang précieux
Qu'au milieu de Pharsale ont respecté les dieux.
Non qu'en un coup d'état je n'approuve le crime;
Mais s'il n'est nécessaire il n'est point légitime.
Et quel besoin ici d'une extrême rigueur?
Qui n'est point au vaincu ne craint point le vainqueur.
Neutre jusqu'à présent, vous pouvez l'être encore;

Vous pouvez adorer César si l'on l'adore ;
Mais, quoique vos encens le traitent d'immortel,
Cette grande victime est trop pour son autel ;
Et sa tête immolée au dieu de la victoire
Imprime à votre nom une tache trop noire :
Ne le pas secourir suffit sans l'opprimer.
En usant de la sorte on ne vous peut blâmer.
Vous lui devez beaucoup ; par lui Rome animée
A fait rendre le sceptre au feu roi Ptolomée ;
Mais la reconnoissance et l'hospitalité
Sur les ames des rois n'ont qu'un droit limité.
Quoi que doive un monarque, et dût-il sa couronne,
Il doit à ses sujets encor plus qu'à personne,
Et cesse de devoir quand la dette est d'un rang
A ne point s'acquitter qu'aux dépens de leur sang.
S'il est juste d'ailleurs que tout se considère,
Que hasardoit Pompée en servant votre père?
Il se voulut par là faire voir tout puissant,
Et vit croître sa gloire en le rétablissant.
Il le servit enfin, mais ce fut de la langue;
La bourse de César fit plus que sa harangue:
Sans ses mille talens Pompée et ses discours
Pour rentrer en Egypte étoient un froid secours.
Qu'il ne vante donc plus ses mérites frivoles;
Les effets de César valent bien ses paroles,
Et si c'est un bienfait qu'il faut rendre aujourd'hui,
Comme il parla pour vous, vous parlerez pour lui:
Ainsi vous le pouvez et devez reconnoître ;
Le recevoir chez vous c'est recevoir un maître,
Qui, tout vaincu qu'il est, bravant le nom de roi,
Dans vos propres états vous donneroit la loi.
Fermez-lui donc vos ports, mais épargnez sa tête.
S'il le faut toutefois, ma main est toute prête ;
J'obéis avec joie, et je serois jaloux
Qu'autre bras que le mien portât les premiers coups.

SEPTIME.

Seigneur, je suis Romain ; je connois l'un et l'autre.
Pompée a besoin d'aide, il vient chercher la vôtre :
Vous pouvez, comme maître absolu de son sort,
Le servir, le chasser, le livrer vif ou mort.
Des quatre le premier vous seroit trop funeste ;
Souffrez donc qu'en deux mots j'examine le reste.
Le chasser c'est vous faire un puissant ennemi
Sans obliger par là le vainqueur qu'à demi,
Puisque c'est lui laisser et sur mer et sur terre
La suite d'une longue et difficile guerre,
Dont peut-être tous deux également lassés
Se vengeroient sur vous de tous les maux passés.
Le livrer à César n'est que la même chose :
Il lui pardonnera s'il faut qu'il en dispose ;
Et, s'armant à regret de générosité,
D'une fausse clémence il fera vanité,
Heureux de l'asservir en lui donnant la vie,
Et de plaire par là même à Rome asservie,
Cependant que, forcé d'épargner son rival,
Aussi bien que Pompée il vous voudra du mal.
Il faut le délivrer du péril et du crime,
Assurer sa puissance et sauver son estime,
Et du parti contraire, en ce grand chef détruit,
Prendre sur vous la honte, et lui laisser le fruit.
C'est là mon sentiment, ce doit être le vôtre ;
Par là vous gagnez l'un, et ne craignez plus l'autre.
Mais, suivant d'Achillas le conseil hasardeux,
Vous n'en gagnez aucun, et les perdez toutes deux.

PTOLOMÉE.

N'examinons donc plus la justice des causes,
Et cédons au torrent qui roule toutes choses.
Je passe au plus de voix ; et de mon sentiment
Je veux bien avoir part à ce grand changement.

Assez et trop long-temps l'arrogance de Rome
A cru qu'être Romain c'étoit être plus qu'homme.
Abattons sa superbe avec sa liberté,
Dans le sang de Pompée éteignons sa fierté ;
Tranchons l'unique espoir où tant d'orgueil se fonde,
Et donnons un tyran à ces tyrans du monde ;
Secondons le destin qui les veut mettre aux fers,
Et prêtons-lui la main pour venger l'univers.
Rome, tu serviras ; et ces rois que tu braves,
Et que ton insolence ose traiter d'esclaves,
Adoreront César avec moins de douleur,
Puisqu'il sera ton maître aussi bien que le leur.
Allez donc, Achillas, allez avec Septime
Nous immortaliser par cet illustre crime ;
Qu'il plaise au ciel ou non, laissez-m'en le souci,
Je crois qu'il veut sa mort puisqu'il l'amène ici.

ACHILLAS.

Seigneur, je crois tout juste alors qu'un roi l'ordonne

PTOLOMÉE.

Allez, et hâtez-vous d'assurer ma couronne,
Et vous ressouvenez que je mets en vos mains
Le destin de l'Égypte et celui des Romains.

## SCÈNE II.

### PTOLOMÉE, PHOTIN.

PTOLOMÉE.

Photin, ou je me trompe, ou ma sœur est déçue ;
De l'abord de Pompée elle espère autre issue :
Sachant que de mon père il a le testament,
Elle ne doute point de son couronnement ;
Elle se croit déjà souveraine maîtresse
D'un sceptre partagé que sa bonté lui laisse ;
Et, se promettant tout de leur vieille amitié,

De mon trône en son ame elle prend la moitié,
Où de son vain orgueil les cendres rallumées
Poussent déjà dans l'air de nouvelles fumées.

### PHOTIN.

Seigneur, c'est un motif que je ne disois pas
Qui devoit de Pompée avancer le trépas.
Sans doute il jugeroit de la sœur et du frère
Suivant le testament du feu roi votre père,
Son hôte et son ami, qui l'en daigna saisir :
Jugez après cela de votre déplaisir.
Ce n'est pas que je veuille, en vous parlant contre elle,
Rompre les sacrés nœuds d'une amour fraternelle :
Du trône, et non du cœur, je la veux éloigner ;
Car c'est ne régner pas qu'être deux à régner.
Un roi qui s'y résout est mauvais politique ;
Il détruit son pouvoir quand il le communique,
Et les raisons d'état... Mais, seigneur, la voici.

## SCÈNE III.

### PTOLOMÉE, CLEOPATRE, PHOTIN.

#### CLÉOPATRE.

Seigneur, Pompée arrive, et vous êtes ici !

#### PTOLOMÉE.

J'attends dans mon palais ce guerrier magnanime,
Et lui viens d'envoyer Achillas et Septime.

#### CLÉOPATRE.

Quoi ! Septime à Pompée ! à Pompée Achillas !

#### PTOLOMÉE.

Si ce n'est assez d'eux, allez, suivez leurs pas.

#### CLÉOPATRE.

Donc pour le recevoir c'est trop que de vous-même ?

### ACTE I, SCÈNE III.

PTOLOMÉE.

Ma sœur, je dois garder l'honneur du diadème.

CLÉOPATRE.

Si vous en portez un, ne vous en souvenez
Que pour baiser la main de qui vous le tenez,
Que pour en faire hommage aux pieds d'un si grand homme.

PTOLOMÉE.

Au sortir de Pharsale est-ce ainsi qu'on le nomme?

CLÉOPATRE.

Fût-il dans son malheur de tous abandonné,
Il est toujours Pompée, et vous a couronné.

PTOLOMÉE.

Il n'en est plus que l'ombre, et couronna mon père,
Dont l'ombre, et non pas moi, lui doit ce qu'il espère.
Il peut aller, s'il veut, dessus son monument
Recevoir ses devoirs et son remerciement.

CLÉOPATRE.

Après un tel bienfait. c'est ainsi qu'on le traite!

PTOLOMÉE.

Je m'en souviens, ma sœur, et je vois sa défaite.

CLÉOPATRE.

Vous la voyez, de vrai, mais d'un œil de mépris.

PTOLOMÉE.

Le temps de chaque chose ordonne et fait le prix.
Vous qui l'estimez tant, allez lui rendre hommage;
Mais songez qu'au port même il peut faire naufrage.

CLÉOPATRE.

Il peut faire naufrage! et même dans le port!
Quoi! vous auriez osé lui préparer la mort?

PTOLOMÉE.

J'ai fait ce que les dieux m'ont inspiré de faire,
Et que pour mon état j'ai jugé nécessaire.

CLEOPATRE.

Je ne le vois que trop, Photin et ses pareils
Vous ont empoisonné de leurs lâches conseils :
Ces ames que le ciel ne forma que de boue...

PHOTIN.

Ce sont de nos conseils, oui, madame; et j'avoue...

CLEOPATRE.

Photin, je parle au roi : vous répondrez pour tous
Quand je m'abaisserai jusqu'à parler à vous.

PTOLOMEE à Photin.

Il faut un peu souffrir de cette humeur hautaine;
Je sais votre innocence, et je connois sa haine :
Après tout, c'est ma sœur; oyez sans repartir.

CLEOPATRE.

Ah! s'il est encor temps de vous en repentir,
Affranchissez-vous d'eux et de leur tyrannie;
Rappelez la vertu par leurs conseils bannie,
Cette haute vertu dont le ciel et le sang
Enflent toujours les cœurs de ceux de notre rang.

PTOLOMEE.

Quoi! d'un frivole espoir déjà préoccupée,
Vous me parlez en reine en parlant de Pompée;
Et d'un faux zèle ainsi votre orgueil revêtu
Fait agir l'intérêt sous le nom de vertu !
Confessez-le, ma sœur, vous sauriez vous en taire,
N'étoit le testament du feu roi notre père;
Vous savez qui le garde.

CLEOPATRE.

        Et vous saurez aussi
Que la seule vertu me fait parler ainsi ;
Et que, si l'intérêt m'avoit préoccupée,
J'agirois pour César, et non pas pour Pompée.
Apprenez un secret que je voulois cacher,
Et cessez désormais de me rien reprocher.

Quand ce peuple insolent qu'enferme Alexandrie
Fit quitter au feu roi son trône et sa patrie,
Et que jusque dans Rome il alla du sénat
Implorer la pitié contre un tel attentat,
Il nous mena tous deux pour toucher son courage,
Vous assez jeune encor, moi déjà dans un âge
Où ce peu de beauté que m'ont donné les cieux
D'un assez vif éclat faisoit briller mes yeux.
César en fut épris, et du moins j'eus la gloire
De le voir hautement donner lieu de le croire ;
Mais, voyant contre lui le sénat irrité,
Il fit agir Pompée et son autorité.
Ce dernier nous servit à sa seule prière,
Qui de leur amitié fut la preuve dernière :
Vous en savez l'effet, et vous en jouissez ;
Mais pour un tel amant ce ne fut pas assez.
Après avoir pour nous employé ce grand homme,
Qui nous gagna soudain toutes les voix de Rome,
Son amour en voulut seconder les efforts,
Et nous ouvrant son cœur nous ouvrit ses trésors.
Nous eûmes de ses feux, encore en leur naissance,
Et les nerfs de la guerre et ceux de la puissance ;
Et les mille talens qui lui sont encor dus
Remirent en nos mains tous nos états perdus.
Le roi, qui s'en souvint à son heure fatale,
Me laissa comme à vous la dignité royale,
Et par son testament il vous fit cette loi
Pour me rendre une part de ce qu'il tint de moi.
C'est ainsi qu'ignorant d'où vint ce bon office
Vous appelez faveur ce qui n'est que justice,
Et l'osez accuser d'une aveugle amitié
Quand du tout qu'il me doit il me rend la moitié.

PTOLOMÉE.

Certes, ma sœur, le conte est fait avec adresse !

### CLEOPATRE.

César viendra bientôt, et j'en ai lettre expresse ;
Et peut-être aujourd'hui vos yeux seront témoins
De ce que votre esprit s'imagine le moins.
Ce n'est pas sans sujet que je parlois en reine :
Je n'ai reçu de vous que mépris et que haine,
Et, de ma part du sceptre indigne ravisseur,
Vous m'avez plus traitée en esclave qu'en sœur ;
Même, pour éviter des effets plus sinistres,
Il m'a fallu flatter vos insolens ministres,
Dont j'ai craint jusqu'ici le fer ou le poison :
Mais Pompée ou César m'en va faire raison ;
Et, quoi qu'avec Photin Achillas en ordonne,
Ou l'une ou l'autre main me rendra ma couronne.
Cependant mon orgueil vous laisse à démêler
Quel étoit l'intérêt qui me faisoit parler.

## SCÈNE IV.

### PTOLOMÉE, PHOTIN.

### PTOLOMEE.

Que dites-vous, ami, de cette ame orgueilleuse ?

### PHOTIN.

Seigneur, cette surprise est pour moi merveilleuse :
Je n'en sais que penser, et mon cœur étonné
D'un secret que jamais il n'auroit soupçonné,
Inconstant et confus dans son incertitude,
Ne se résout à rien qu'avec inquiétude.

### PTOLOMEE.

Sauverons-nous Pompée ?

### PHOTIN.

                Il faudroit faire effort,
Si nous l'avions sauvé, pour conclure sa mort.
Cléopâtre vous hait ; elle est fière, elle est belle,

Et si l'heureux César a de l'amour pour elle
La tête de Pompée est l'unique présent
Qui vous fasse contre elle un rempart suffisant.
PTOLOMÉE.
Ce dangereux esprit a beaucoup d'artifice.
PHOTIN.
Son artifice est peu contre un si grand service.
PTOLOMÉE.
Mais si, tout grand qu'il est, il cède à ses appas?
PHOTIN.
Il la faudra flatter. Mais ne m'en croyez pas;
Et pour mieux empêcher qu'elle ne vous opprime
Consultez-en encore Achillas et Septime.
PTOLOMEE.
Allons donc les voir faire, et montons à la tour,
Et nous en résoudrons ensemble à leur retour

## ACTE SECOND.

### SCÈNE I.

#### CLEOPATRE, CHARMION.

CLÉOPATRE.

Je l'aime ; mais l'éclat d'une si belle flamme,
Quelque brillant qu'il soit, n'éblouit point mon ame,
Et toujours ma vertu retrace dans mon cœur
Ce qu'il doit au vaincu, brûlant pour le vainqueur.
Aussi qui l'ose aimer porte une ame trop haute
Pour souffrir seulement le soupçon d'une faute ;
Et je le traiterois avec indignité
Si j'aspirois à lui par une lâcheté.

CHARMION.

Quoi ! vous aimez César ! et si vous étiez crue
L'Egypte pour Pompée armeroit à sa vue,
En prendroit la défense, et par un prompt secours
Du destin de Pharsale arrêteroit le cours !
L'amour certes sur vous a bien peu de puissance !

CLÉOPATRE

Les princes ont cela de leur haute naissance :
Leur ame dans leur sang prend des impressions
Qui dessous leur vertu rangent leurs passions.
Leur générosité soumet tout à leur gloire :
Tout est illustre en eux quand ils daignent se croire,
Et si le peuple y voit quelques déréglemens
C'est quand l'avis d'autrui corrompt leurs sentimens.
Ce malheur de Pompée achève la ruine ;
Le roi l'eût secouru, mais Photin l'assassine ;

## ACTE II, SCÈNE I.

Il croit cette ame basse, et se montre sans foi ;
Mais s'il croyoit la sienne il agiroit en roi.

CHARMION.

Ainsi donc de César l'amante et l'ennemie...

CLEOPATRE.

Je lui garde ma flamme exempte d'infamie,
Un cœur digne de lui.

CHARMION.

        Vous possédez le sien ?

CLEOPATRE.

Je crois le posséder.

CHARMION.

        Mais le savez-vous bien ?

CLEOPATRE.

Apprends qu'une princesse aimant sa renommée
Quand elle dit qu'elle aime est sûre d'être aimée,
Et que les plus beaux feux dont son cœur soit épris
N'oseroient l'exposer aux hontes d'un mépris.
Notre séjour à Rome enflamma son courage :
Là j'eus de son amour le premier témoignage ;
Et depuis jusqu'ici chaque jour ses courriers
M'apportent en tribut ses vœux et ses lauriers.
Partout, en Italie, aux Gaules, en Espagne,
La fortune le suit, et l'amour l'accompagne ;
Son bras ne dompte point de peuple ni de lieux
Dont il ne rende hommage au pouvoir de mes yeux ;
Et de la même main dont il quitte l'épée,
Fumante encor du sang des amis de Pompée,
Il trace des soupirs, et d'un style plaintif
Dans son champ de victoire il se dit mon captif.
Oui, tout victorieux il m'écrit de Pharsale ;
Et si sa diligence à ses feux est égale,
Ou plutôt si la mer ne s'oppose à ses feux,
L'Egypte le va voir me présenter ses vœux.

Il vient, ma Charmion, jusque dans nos murailles
Chercher auprès de moi le prix de ses batailles,
M'offrir toute sa gloire, et soumettre à mes lois
Ce cœur et cette main qui commandent aux rois;
Et ma rigueur mêlée aux faveurs de la guerre
Feroit un malheureux du maître de la terre.

### CHARMION.

J'oserois bien juger que vos charmans appas
Se vantent d'un pouvoir dont ils n'useront pas;
Et que le grand César n'a rien qui l'importune
Si vos seules rigueurs ont droit sur sa fortune.
Mais qu'elle est votre attente, et que prétendez-vous,
Puisque d'une autre femme il est déjà l'époux,
Et qu'avec Calpurnie un paisible hyménée
Par des liens sacrés tient son ame enchaînée?

### CLEOPATRE.

Le divorce, aujourd'hui si commun aux Romains,
Peut rendre en ma faveur tous ces obstacles vains:
César en sait l'usage et la cérémonie;
Un divorce chez lui fit place à Calpurnie.

### CHARMION.

Par cette même voie il pourra vous quitter.

### CLEOPATRE.

Peut-être mon bonheur saura mieux l'arrêter,
Peut-être mon amour aura quelque avantage
Qui saura mieux pour moi ménager son courage.
Mais laissons au hasard ce qui peut arriver;
Achevons cet hymen s'il se peut achever:
Ne durât-il qu'un jour, ma gloire est sans seconde
D'être du moins un jour la maîtresse du monde.
J'ai de l'ambition; et, soit vice ou vertu,
Mon cœur sous son fardeau veut bien être abattu;
J'en aime la chaleur, et la nomme sans cesse
La seule passion digne d'une princesse.

Mais je veux què la gloire anime ses ardeurs,
Qu'elle méne sans honte au faite des grandeurs,
Et je la désavoue alors que sa manie
Nous présente le trône avec ignominie.
Ne t'étonne donc plus, Charmion, de me voir
Défendre encor Pompée, et suivre mon devoir :
Ne pouvant rien de plus pour sa vertu séduite,
Dans mon ame en secret je l'exhorte à la fuite ;
Et voudrois qu'un orage, écartant ses vaisseaux,
Malgré lui l'enlevât aux mains de ses bourreaux.
Mais voici de retour le fidéle Achorée,
Par qui j'en apprendrai la nouvelle assurée.

## SCÈNE II.

### CLÉOPATRE, ACHORÉE, CHARMION.

#### CLEOPATRE.

En est-ce déjà fait, et nos bords malheureux
Sont-ils déjà souillés d'un sang si généreux ?

#### ACHOREE.

Madame, j'ai couru par votre ordre au rivage;
J'ai vu la trahison, j'ai vu toute sa rage;
Du plus grand des mortels j'ai vu trancher le sort;
J'ai vu dans son malheur la gloire de sa mort;
Et puisque vous voulez qu'ici je vous raconte
La gloire d'une mort qui nous couvre de honte,
Ecoutez, admirez, et plaignez son trépas.
Ses trois vaisseaux en rade avoient mis voiles bas;
Et, voyant dans le port préparer nos galéres,
Il croyoit que le roi, touché de ses misères,
Par un beau sentiment d'honneur et de devoir
Avec toute sa cour le venoit recevoir;
Mais voyant que ce prince, ingrat à ses mérites,
N'envoyoit qu'un esquif rempli de satellites,

Il soupçonne aussitôt son manquement de foi,
Et se laisse surprendre à quelque peu d'effroi.
Enfin, voyant nos bords et notre flotte en armes,
Il condamne en son cœur ces indignes alarmes,
Et réduit tous les soins d'un si pressant ennui
A ne hasarder pas Cornélie avec lui :
« N'exposons, lui dit-il, que cette seule tête
A la réception que l'Egypte m'apprête ;
Et, tandis que moi seul j'en courrai le danger,
Songe à prendre la fuite afin de me venger.
Le roi Juba nous garde une foi plus sincère ;
Chez lui tu trouveras et mes fils et ton père :
Mais quand tu les verrois descendre chez Pluton
Ne désespère point du vivant de Caton. »
Tandis que leur amour en cet adieu conteste
Achillas à son bord joint son esquif funeste ;
Septime se présente, et, lui tendant la main,
Le salue empereur en langage romain,
Et comme député de ce jeune monarque,
« Passez, seigneur, dit-il, passez dans cette barque ;
Les sables et les bancs cachés dessous les eaux
Rendent l'accès mal sûr à de plus grands vaisseaux.»
Ce héros voit la fourbe, et s'en moque dans l'âme :
Il reçoit les adieux des siens et de sa femme,
Leur défend de le suivre, et s'avance au trépas
Avec le même front qu'il donnoit les états.
La même majesté sur son visage empreinte
Entre ces assassins montre un esprit sans crainte ;
Sa vertu tout entière à la mort le conduit :
Son affranchi Philippe est le seul qui le suit.
C'est de lui que j'ai su ce que je viens de dire ;
Mes yeux ont vu le reste, et mon cœur en soupire,
Et crois que César même à de si grands malheurs
Ne pourra refuser des soupirs et des pleurs.

CLEOPATRE.

N'épargnez pas les miens ; achevez, Achorée,
L'histoire d'une mort que j'ai déjà pleurée.

ACHOREE.

On l'amène, et du port nous le voyons venir
Sans que pas un d'entre eux daigne l'entretenir.
Ce mépris lui fait voir ce qu'il en doit attendre.
Sitôt qu'on a pris terre on l'invite à descendre ;
Il se lève, et soudain, pour signal Achillas
Derrière ce héros tirant son coutelas,
Septime et trois des siens, lâches enfans de Rome,
Percent à coups pressés les flancs de ce grand homme,
Tandis qu'Achillas même épouvanté d'horreur
De ces quatre enragés admire la fureur.

CLEOPATRE.

Vous qui livrez la terre aux discordes civiles,
Si vous vengez sa mort, dieux, épargnez nos villes !
N'imputez rien aux lieux, reconnoissez les mains,
Le crime de l'Egypte est fait par des Romains.
Mais que fait et que dit ce généreux courage ?

ACHOREE.

D'un des pans de sa robe il couvre son visage,
A son mauvais destin en aveugle obéit,
Et dédaigne de voir le ciel qui le trahit,
De peur que d'un coup d'œil contre une telle offense
Il ne semble implorer son aide ou sa vengeance.
Aucun gémissement à son cœur échappé
Ne le montre en mourant digne d'être frappé :
Immobile à leurs coups, en lui-même il rappelle
Ce qu'eut de beau sa vie et ce qu'on dira d'elle,
Et tient la trahison que le roi leur prescrit
Trop au dessous de lui pour y prêter l'esprit.
Sa vertu dans leur crime augmente ainsi son lustre,
Et son dernier soupir est un soupir illustre,

Qui de cette grande ame achevant les destins
Etale tout Pompée aux yeux des assassins.
Sur les bords de l'esquif sa tête enfin penchée,
Par le traître Septime indignement tranchée,
Passe au bout d'une lance en la main d'Achillas
Ainsi qu'un grand trophée après de grands combats.
On descend, et pour comble à sa noire aventure
On donne à ce héros la mer pour sépulture,
Et le tronc sous les flots roule dorénavant
Au gré de la fortune et de l'onde et du vent.
La triste Cornélie à cet affreux spectacle
Par de longs cris aigus tâche d'y mettre obstacle,
Défend ce cher époux de la voix et des yeux,
Puis, n'espérant plus rien, lève les mains aux cieux;
Et cédant tout à coup à la douleur plus forte
Tombe dans sa galère évanouie ou morte.
Les siens en ce désastre, à force de ramer,
L'éloignent de la rive et regagnent la mer.
Mais sa fuite est mal sûre, et l'infâme Septime,
Qui se voit dérober la moitié de son crime,
Afin de l'achever prend six vaiseaux au port,
Et poursuit sur les eaux Pompée après sa mort.
Cependant Achillas porte au roi sa conquête;
Tout le peuple tremblant en détourne la tête.
Un effroi général offre à l'un sous ses pas
Des abîmes ouverts pour venger ce trépas;
L'autre entend le tonnerre, et chacun se figure
Un désordre soudain de toute la nature;
Tant l'excès du forfait troublant leurs jugemens
Présente à leur terreur l'excès des châtimens !
Philippe, d'autre part, montrant sur le rivage
Dans une ame servile un généreux courage,
Examine d'un œil et d'un soin curieux
Où les vagues rendront ce dépôt précieux,
Pour lui rendre, s'il peut, ce qu'aux morts on doit rendre,

Dans quelque urne chétive en ramasser la cendre,
Et d'un peu de poussière élever un tombeau
A celui qui du monde eut le sort le plus beau.
Mais comme vers l'Afrique on poursuit Cornélie,
On voit d'ailleurs César venir de Thessalie :
Une flotte paroît, qu'on a peine à compter...

CLEOPATRE.

C'est lui-même, Achorée, il n'en faut point douter.
Tremblez, tremblez, méchans, voici venir la foudre,
Cléopâtre a de quoi vous mettre tous en poudre :
César vient, elle est reine, et Pompée est vengé ;
La tyrannie est bas, et le sort a changé.
Admirons cependant le destin des grands hommes,
Plaignons-les, et par eux jugeons ce que nous sommes.
Ce prince du sénat, maître de l'univers,
Dont le bonheur sembloit au dessus du revers,
Lui que sa Rome a vu, plus craint que le tonnerre,
Triompher en trois fois des trois parts de la terre,
Et qui voyoit encore en ces derniers hasards
L'un et l'autre consul suivre ses étendards,
Sitôt que d'un malheur sa fortune est suivie,
Les monstres de l'Egypte ordonnent de sa vie :
On voit un Achillas, un Septime, un Photin
Arbitres souverains d'un si noble destin ;
Un roi qui de ses mains a reçu la couronne
A ces pestes de cour lâchement l'abandonne.
Ainsi finit Pompée, et peut-être qu'un jour
César éprouvera même sort à son tour.
Rendez l'augure faux, dieux, qui voyez mes larmes,
Et secondez partout et mes vœux et ses armes !

CHARMION.

Madame, le roi vient, qui pourra vous ouïr.

## SCÈNE III.

#### PTOLOMÉE, CLÉOPATRE, CHARMION.

PTOLOMÉE.

Savez-vous le bonheur dont nous allons jouir,
Ma sœur ?

CLÉOPATRE.

Oui, je le sais, le grand César arrive :
Sous les lois de Photin je ne suis plus captive.

PTOLOMÉE.

Vous haïssez toujours ce fidèle sujet.

CLÉOPATRE.

Non, mais en liberté je ris de son projet.

PTOLOMÉE.

Quel projet faisoit-il dont vous puissiez vous plaindre?

CLÉOPATRE.

J'en ai souffert beaucoup, et j'avois plus à craindre.
Un si grand politique est capable de tout,
Et vous donnez les mains à tout ce qu'il résout.

PTOLOMÉE.

Si je suis ses conseils, j'en connois la prudence.

CLÉOPATRE.

Si j'en crains les effets, j'en vois la violence.

PTOLOMÉE.

Pour le bien de l'état tout est juste en un roi.

CLÉOPATRE.

Ce genre de justice est à craindre pour moi ;
Après ma part du sceptre à ce titre usurpée
Il en coûte la vie et la tête à Pompée.

PTOLOMÉE.

Jamais un coup d'état ne fut mieux entrepris.
Le voulant secourir, César nous eût surpris ;

Vous voyez sa vitesse, et l'Egypte troublée
Avant qu'être en défense en seroit accablée.
Mais je puis maintenant à cet heureux vainqueur
Offrir en sûreté mon trône et votre cœur.
### CLÉOPATRE.
Je ferai mes présens ; n'ayez soin que des vôtres,
Et dans vos intérêts n'en confondez point d'autres.
### PTOLOMÉE.
Les vôtres sont les miens étant de même sang.
### CLÉOPATRE.
Vous pouvez dire encore étant de même rang,
Etant roi l'un et l'autre ; et toutefois je pense
Que nos deux intérêts ont quelque différence.
### PTOLOMÉE.
Oui, ma sœur, car l'état dont mon cœur est content
Sur quelques bords du Nil à grand'peine s'étend ;
Mais César, à vos lois soumettant son courage,
Vous va faire régner sur le Gange et le Tage.
### CLÉOPATRE.
J'ai de l'ambition ; mais je la sais régler :
Elle peut m'éblouir, et non pas m'aveugler.
Ne parlons point ici du Tage ni du Gange ;
Je connois ma portée, et ne prends point le change.
### PTOLOMÉE.
L'occasion vous rit, et vous en userez.
### CLÉOPATRE.
Si je n'en use bien vous m'en accuserez.
### PTOLOMÉE.
J'en espère beaucoup, vu l'amour qui l'engage.
### CLÉOPATRE.
Vous la craignez peut-être encore davantage ;
Mais, quelque occasion qui me rie aujourd'hui,
N'ayez aucune peur, je ne veux rien d'autrui ;

Je ne garde pour vous ni haine ni colère,
Et je suis bonne sœur si vous n'êtes bon frère.
### PTOLOMÉE.
Vous montrez cependant un peu bien du mépris.
### CLÉOPATRE.
Le temps de chaque chose ordonne et fait le prix.
### PTOLOMÉE.
Votre façon d'agir le fait assez connoître.
### CLÉOPATRE.
Le grand César arrive, et vous avez un maître.
### PTOLOMÉE.
Il l'est de tout le monde, et je l'ai fait le mien.
### CLÉOPATRE.
Allez lui rendre hommage, et j'attendrai le sien.
Allez, ce n'est pas trop pour lui que de vous-même;
Je garderai pour vous l'honneur du diadème.
Photin vous vient aider à le bien recevoir,
Consultez avec lui quel est votre devoir.

## SCÈNE IV.
### PTOLOMEE, PHOTIN.

#### PTOLOMÉE.
J'ai suivi tes conseils ; mais plus je l'ai flattée,
Et plus dans l'insolence elle s'est emportée ;
Si bien qu'enfin, outré de tant d'indignités,
Je m'allois emporter dans les extrémités :
Mon bras, dont ses mépris forçoient la retenue,
N'eût plus considéré César ni sa venue,
Et l'eût mise en état, malgré tout son appui,
De s'en plaindre à Pompée auparavant qu'à lui.
L'arrogante ! à l'ouïr, elle est déjà ma reine;
Et si César en croit son orgueil et sa haine,

Si, comme elle s'en vante, elle est son cher objet,
De son frère et son roi je deviens son sujet.
Non, non, prévenons-la : c'est foiblesse d'attendre
Le mal qu'on voit venir sans vouloir s'en défendre.
Otons-lui les moyens de nous plus dédaigner,
Otons-lui les moyens de plaire et de régner,
Et ne permettons pas qu'après tant de bravades
Mon sceptre soit le prix d'une de ses œillades.

PHOTIN.

Seigneur, ne donnez point de prétexte à César
Pour attacher l'Egypte aux pompes de son char.
Ce cœur ambitieux, qui par toute la terre
Ne cherche qu'à porter l'esclavage et la guerre,
Enflé de sa victoire et des ressentimens
Qu'une perte pareille imprime aux vrais amans,
Quoique vous ne rendiez que justice à vous-même,
Prendroit l'occasion de venger ce qu'il aime ;
Et pour s'assujettir et vos états et vous
Imputeroit à crime un si juste courroux.

PTOLOMÉE.

Si Cléopâtre vit, s'il la voit, elle est reine.

PHOTIN.

Si Cléopâtre meurt, votre perte est certaine.

PTOLOMÉE.

Je perdrai qui me perd, ne pouvant me sauver.

PHOTIN.

Pour la perdre avec joie il faut vous conserver.

PTOLOMÉE.

Quoi ! pour voir sur sa tête éclater ma couronne ?
Sceptre, s'il faut enfin que ma main t'abandonne,
Passe, passe plutôt en celle du vainqueur !

PHOTIN.

Vous l'arracherez mieux de celle d'une sœur.
Quelques feux que d'abord il lui fasse paroître,

Il partira bientôt, et vous serez le maître.
L'amour à ses pareils ne donne point d'ardeur
Qui ne cède aisément aux soins de leur grandeur.
Il voit encor l'Afrique et l'Espagne occupées
Par Juba, Scipion et les jeunes Pompées ;
Et le monde à ses lois n'est point assujetti
Tant qu'il verra durer ces restes du parti.
Au sortir de Pharsale un si grand capitaine
Sauroit mal son métier s'il laissoit prendre haleine,
Et s'il donnoit loisir à des cœurs si hardis
De relever du coup dont ils sont étourdis.
S'il les vainc, s'il parvient où son désir aspire,
Il faut qu'il aille à Rome établir son empire,
Jouir de sa fortune et de son attentat,
Et changer à son gré la forme de l'état.
Jugez durant ce temps ce que vous pourrez faire.
Seigneur, voyez César, forcez-vous à lui plaire ;
En lui déférant tout, veuillez vous souvenir
Que les événemens régleront l'avenir.
Remettez en ses mains trône, sceptre, couronne,
Et sans en murmurer souffrez qu'il en ordonne.
Il en croira sans doute ordonner justement
En suivant du feu roi l'ordre et le testament :
L'importance d'ailleurs de ce dernier service
Ne permet pas d'en craindre une entière injustice.
Quoi qu'il en fasse enfin, feignez d'y consentir,
Louez son jugement, et laissez-le partir.
Après, quand nous verrons le temps propre aux vengeances
Nous aurons et la force et les intelligences.
Jusque là réprimez ces transports violens
Qu'excitent d'une sœur les mépris insolens.
Les bravades enfin sont des discours frivoles,
Et qui songe aux effets néglige les paroles.

PTOLOMÉE.
Ah ! tu me rends la vie et le sceptre à la fois ;

Un sage conseiller est le bonheur des rois.
Cher appui de mon trône, allons sans plus attendre
Offrir tout à César afin de tout reprendre ;
Avec toute ma flotte allons le recevoir,
Et par ces vains honneurs séduire son pouvoir.

# ACTE TROISIÈME.

## SCÈNE I.

**CHARMION, ACHORÉE.**

CHARMION.

Oui, tandis que le roi va lui-même en personne
Jusqu'aux pieds de César prosterner sa couronne,
Cléopâtre s'enferme en son appartement,
Et sans s'en émouvoir attend son compliment.
Comment nommerez-vous une humeur si hautaine?

ACHORÉE.

Un orgueil noble et juste et digne d'une reine
Qui soutient avec cœur et magnanimité
L'honneur de sa naissance et de sa dignité.
Lui pourrai-je parler?

CHARMION.

     Non : mais elle m'envoie
Savoir à cet abord ce qu'on a vu de joie.
Ce qu'à ce beau présent César a témoigné,
S'il a paru content, ou s'il l'a dédaigné,
S'il traite avec douceur, s'il traite avec empire;
Ce qu'à nos assassins enfin il a pu dire.

ACHORÉE.

La tête de Pompée a produit des effets
Dont ils n'ont pas sujet d'être fort satisfaits.
Je ne sais si César prendroit plaisir à feindre;
Mais pour eux jusqu'ici je trouve lieu de craindre :
S'ils aimoient Ptolomée, ils l'ont fort mal servi.
Vous l'avez vu partir, et moi je l'ai suivi.

Ses vaisseaux en bon ordre ont éloigné la ville,
Et pour joindre César n'ont avancé qu'un mille.
Il venoit à plein voile ; et si dans les hasards
Il éprouva toujours pleine faveur de Mars,
Sa flotte, qu'à l'envi favorisoit Neptune,
Avoit le vent en poupe ainsi que sa fortune.
Dès le premier abord notre prince étonné
Ne s'est plus souvenu de son front couronné ;
Sa frayeur a paru sous sa fausse allégresse ;
Toutes ses actions ont senti la bassesse :
J'en ai rougi moi-même, et me suis plaint à moi
De voir là Ptolomée et n'y voir point de roi ;
Et César, qui lisoit sa peur sur son visage,
Le flattoit par pitié pour lui donner courage.
Lui, d'une voix tombante offrant ce don fatal,
« Seigneur, vous n'avez plus, lui dit-il, de rival ;
Ce que n'ont pu les dieux dans votre Thessalie,
Je vais mettre en vos mains Pompée et Cornélie :
En voici déjà l'un, et pour l'autre elle fuit,
Mais avec six vaisseaux un des miens la poursuit. »
A ces mots Achillas découvre cette tête :
Il semble qu'à parler encore elle s'apprête ;
Qu'à ce nouvel affront un reste chaleur
En sanglots mal formés exhale sa douleur ;
Sa bouche encore ouverte et sa vue égarée
Rappellent sa grande ame à peine séparée ;
Et son courroux mourant fait un dernier effort
Pour reprocher aux dieux sa défaite et sa mort.
César à cet aspet comme frappé du foudre
Et comme ne sachant que croire ou que résoudre,
Immobile, et les yeux sur l'objet attachés,
Nous tient assez long-temps ses sentimens cachés ;
Et je dirai, si j'ose en faire conjecture,
Que par un mouvement commun à la nature,
Quelque maligne joie en son cœur s'élevoit,

Dont sa gloire indignée à peine le sauvoit.
L'aise de voir la terre à son pouvoir soumise
Chatouilloit malgré lui son ame avec surprise ;
Et de cette douceur son esprit combattu
Avec un peu d'effort rassuroit sa vertu.
S'il aime sa grandeur il hait la perfidie ;
Il se juge en autrui, se tâte, s'étudie,
Examine en secret sa joie et ses douleurs,
Les balance, choisit, laisse couler des pleurs,
Et, forçant sa vertu d'être encor la maîtresse,
Se montre généreux par un trait de foiblesse.
Ensuite il fait ôter ce présent de ses yeux,
Lève les mains ensemble et les regards aux cieux,
Lâche deux ou trois mots contre cette insolence ;
Puis tout triste et pensif il s'obstine au silence,
Et même à ses Romains ne daigne repartir
Que d'un regard farouche et d'un profond soupir.
Enfin, ayant pris terre avec trente cohortes,
Il se saisit du port, il se saisit des portes,
Met des gardes partout et des ordres secrets,
Fait voir sa défiance ainsi que ses regrets,
Parle d'Egypte en maître, et de son adversaire
Non plus comme ennemi, mais comme son beau-père.
Voilà ce que j'ai vu.

CHARMION.
Voilà ce qu'attendoit,
Ce qu'au juste Osiris la reine demandoit.
Je vais bien la ravir avec cette nouvelle :
Vous, continuez-lui ce service fidèle.

ACHORÉE.
Qu'elle n'en doute point. Mais César vient. Allez,
Peignez-lui bien nos gens pâles et désolés,
Et moi, soit que l'issue en soit douce ou funeste,
J'irai l'entretenir quand j'aurai vu le reste.

## SCÈNE II.

CESAR, PTOLOMÉE, LEPIDE, PHOTIN, ACHORÉE, SOLDATS ROMAINS, SOLDATS ÉGYPTIENS.

PTOLOMÉE.

Seigneur, montez au trône, et commandez ici.
CÉSAR.
Connoissez-vous César de lui parler ainsi ?
Que m'offriroit de pis la fortune ennemie,
A moi qui tiens le trône égal à l'infamie !
Certes Rome à ce coup pourroit bien se vanter
D'avoir eu juste lieu de me persécuter ;
Elle qui d'un même œil les donne et les dédaigne,
Qui ne voit rien aux rois qu'elle aime ou qu'elle craigne,
Et qui verse en nos cœurs, avec l'ame et le sang,
Et la haine du nom et le mépris du rang.
C'est ce que de Pompée il vous falloit apprendre ;
S'il en eût aimé l'offre, il eût su s'en défendre :
Et le trône et le roi se seroient ennoblis
A soutenir la main qui les a rétablis.
Vous eussiez pu tomber, mais tout couvert de gloire ;
Votre chute eût valu la plus haute victoire :
Et si votre destin n'eût pu vous en sauver,
César eût pris plaisir à vous en relever.
Vous n'avez pu former une si noble envie.
Mais quel droit aviez-vous sur cette illustre vie ?
Que vous devoit son sang pour y tremper vos mains,
Vous qui devez respect au moindre des Romains ?
Ai-je vaincu pour vous dans les champs de Pharsale ?
Et par une victoire aux vaincus trop fatale
Vous ai-je acquis sur eux en ce dernier effort
La puissance absolue et de vie et de mort ?

Moi qui n'ai jamais pu la souffrir à Pompée,
La souffrirai-je en vous sur lui-même usurpée,
Et que de mon bonheur vous ayez abusé
Jusqu'à plus attenter que je n'aurois osé?
De quel nom après tout pensez-vous que je nomme
Ce coup où vous tranchez du souverain de Rome?
Et qui sur un seul chef lui fait bien plus d'affront
Que sur tant de milliers ne fit le roi de Pont?
Pensez-vous que j'ignore ou que je dissimule
Que vous n'auriez pas eu pour moi plus de scrupule,
Et que, s'il m'eût vaincu, votre esprit complaisant
Lui faisoit de ma tête un semblable présent?
Grâces à ma victoire on me rend des hommages
Où ma fuite eût reçu toutes sortes d'outrages;
Au vainqueur, non à moi, vous faites tout l'honneur.
Si César en jouit ce n'est que par bonheur.
Amitié dangereuse et redoutable zèle,
Que règle la fortune, et qui tourne avec elle!
Mais parlez; c'est trop être interdit et confus.

PTOLOMEE.

Je le suis, il est vrai, si jamais je le fus;
Et vous-même avouerez que j'ai sujet de l'être.
Etant né souverain, je vois ici mon maître:
Ici, dis-je, où ma cour tremble en me regardant,
Où je n'ai point encore agi qu'en commandant,
Je vois une autre cour sous une autre puissance,
Et ne puis plus agir qu'avec obéissance
De votre seul aspect je me suis vu surpris:
Jugez si vos discours rassurent mes esprits;
Jugez par quels moyens je puis sortir d'un trouble
Que forme le respect, que la crainte redouble,
Et ce que vous peut dire un prince épouvanté
De voir tant de colère et tant de majesté.
Dans ces étonnemens dont mon ame est frappée
De rencontrer en vous le vengeur de Pompée,

Il me souvient pourtant que, s'il fut notre appui,
Nous vous dûmes dès lors autant et plus qu'à lui.
Votre faveur pour nous éclata la première ;
Tout ce qu'il fit après fut à votre prière :
Il émut le sénat pour des rois outragés
Que sans cette prière il auroit négligés.
Mais de ce grand sénat les saintes ordonnances
Eussent peu fait pour nous, seigneur, sans vos finances.
Par là de nos mutins le feu roi vint à bout ;
Et, pour en bien parler, nous vous devons le tout.
Nous avons honoré votre ami, votre gendre,
Jusqu'à ce qu'à vous-même il ait osé se prendre.
Mais voyant son pouvoir, de vos succès jaloux,
Passer en tyrannie et s'armer contre vous...

CÉSAR.

Tout beau : que votre haine en son sang assouvie
N'aille point à sa gloire ; il suffit de sa vie.
N'avancez rien ici que Rome ose nier ;
Et justifiez-vous sans le calomnier.

PTOLOMÉE.

Je laisse donc aux dieux à juger ses pensées,
Et dirai seulement qu'en vos guerres passées,
Où vous fûtes forcé par tant d'indignités,
Tous nos vœux ont été pour vos prospérités ;
Que, comme il vous traitoit en mortel adversaire,
J'ai cru sa mort pour vous un malheur nécessaire ;
Et que sa haine injuste, augmentant tous les jours,
Jusque dans les enfers chercheroit du secours ;
Ou qu'enfin, s'il tomboit dessous votre puissance,
Il nous falloit pour vous craindre votre clémence ;
Et que le sentiment d'un cœur trop généreux,
Usant mal de vos droits, vous rendît malheureux.
J'ai donc considéré qu'en ce péril extrême
Nous vous devions, seigneur, servir malgré vous-même,
Et sans attendre d'ordre en cette occasion

Mon zéle ardent l'a pris à ma confusion.
Vous m'en désavouez, vous l'imputez à crime ;
Mais pour servir César rien n'est illégitime.
J'en ai souillé mes mains pour vous en préserver ;
Vous pouvez en jouir et le désapprouver :
Et j'ai plus fait pour vous, plus l'action est noire,
Puisque c'est d'autant plus vous immoler ma gloire,
Et que ce sacrifice, offert par mon devoir,
Vous assure la vôtre avec votre pouvoir.

CESAR.

Vous cherchez, Ptolomée, avecque trop de ruses
De mauvaises couleurs et de froides excuses.
Votre zéle étoit faux si seul il redoutoit
Ce que le monde entier à pleins vœux souhaitoit,
Et s'il vous a donné ces craintes trop subtiles
Qui m'ôtent tout le fruit de nos guerres civiles,
Où l'honneur seul m'engage, et que pour terminer
Je ne veux que celui de vaincre et pardonner,
Où mes plus dangereux et plus grands adversaires,
Sitôt qu'ils sont vaincus, ne sont plus que mes frères;
Et mon ambition ne va qu'à les forcer,
Ayant dompté leur haine, à vivre et m'embrasser.
Oh! combien d'allégresse une si triste guerre
Auroit-elle laissé dessus toute la terre
Si Rome avoit pu voir marcher en même char,
Vainqueurs de leurs discords, et Pompée et César!
Voilà ces grands malheurs que craignoit votre zéle.
O crainte ridicule autant que criminelle !
Vous craigniez ma clémence! ah! n'ayez plus ce soin;
Souhaitez-la plutôt, vous en avez besoin.
Si je n'avois égard qu'aux lois de la justice
Je m'apaiserois Rome avec votre supplice,
Sans que ni vos respects, ni votre repentir,
Ni votre dignité vous pussent garantir :
Votre trône lui-même en seroit le théâtre.

Mais voulant épargner le sang de Cléopâtre,
J'impute à vos flatteurs toute la trahison,
Et je veux voir comment vous m'en ferez raison ;
Suivant les sentimens dont vous serez capable,
Je saurai vous tenir innocent ou coupable.
Cependant à Pompée élevez des autels;
Rendez-lui les honneurs qu'on rend aux immortels ;
Par un prompt sacrifice expiez tous vos crimes,
Et surtout pensez bien au choix de vos victimes.
Allez y donner ordre, et me laissez ici
Entretenir les miens sur quelque autre souci.

## SCÈNE III.
### CÉSAR, ANTOINE, LEPIDE.

CÉSAR.

Antoine, avez-vu vous cette reine adorable ?

ANTOINE.

Oui, seigneur, je l'ai vue: elle est incomparable ;
Le ciel n'a point encor, par de si doux accords,
Uni tant de vertus aux grâces d'un beau corps.
Une majesté douce épand sur son visage
De quoi s'assujettir le plus noble courage ;
Ses yeux savent ravir, son discours sait charmer;
Et si j'étois César je la voudrois aimer.

CÉSAR.

Comme a-t-elle reçu les offres de ma flamme ?

ANTOINE.

Comme n'osant la croire et la croyant dans l'ame,
Par un refus modeste et fait pour inviter;
Elle s'en dit indigne, et la croit mériter.

CÉSAR.

En pourrai-je être aimé ?

ANTOINE.

Douter qu'elle vous aime,
Elle qui de vous seul attend son diadème,
Qui n'espère qu'en vous ! Douter de ses ardeurs,
Vous qui pouvez la mettre au faîte des grandeurs !
Que votre amour sans crainte à son amour prétende;
Au vainqueur de Pompée il faut que tout se rende;
Et vous l'éprouverez. Elle craint toutefois
L'ordinaire mépris que Rome fait des rois ;
Et surtout elle craint l'amour de Calpurnie :
Mais, l'une et l'autre crainte à votre aspect bannie,
Vous ferez succéder un espoir assez doux
Lorsque vous daignerez lui dire un mot pour vous.

CÉSAR.

Allons donc l'affranchir de ces frivoles craintes,
Lui montrer de mon cœur les sensibles atteintes;
Allons, ne tardons plus.

ANTOINE.

Avant que de la voir
Sachez que Cornélie est en votre pouvoir.
Septime vous l'amène, orgueilleux de son crime,
Et pense auprès de vous se mettre en haute estime :
Dès qu'ils ont abordé, vos chefs, par vous instruits,
Sans leur rien témoigner les ont ici conduits.

CÉSAR.

Qu'elle entre. Ah ! l'importune et fâcheuse nouvelle!
Qu'à mon impatience elle semble cruelle!
O ciel ! et ne pourrai-je enfin à mon amour
Donner en liberté ce qui reste du jour ?

## SCÈNE IV.
### CÉSAR, ANTOINE, LEPIDE, SEPTIME.

SEPTIME.

Seigneur...

CÉSAR.

    Allez, Septime ; allez vers votre maître :
César ne peut souffrir la présence d'un traître,
D'un Romain lâche assez pour servir sous un roi
Après avoir servi sous Pompée et sous moi.

## SCÈNE V.
### CORNELIE, CESAR, ANTOINE, LEPIDE.

CORNÉLIE.

César, car le destin, que dans tes fers je brave,
Me fait ta prisonnière, et non pas ton esclave,
Et tu ne prétends pas qu'il m'abatte le cœur
Jusqu'à te rendre hommage et te nommer seigneur ;
De quelque rude trait qu'il m'ose avoir frappée,
Veuve du jeune Crasse, et veuve de Pompée,
Fille de Scipion, et, pour dire encor plus,
Romaine, mon courage est encore au dessus ;
Et de tous les assauts que sa rigueur me livre
Rien ne me fait rougir que la honte de vivre.
J'ai vu mourir Pompée, et ne l'ai point suivi ;
Et bien que le moyen m'en ait été ravi,
Qu'une pitié cruelle à mes douleurs profondes
M'ait ôté le secours et du fer et des ondes,
Je dois rougir pourtant, après un tel malheur,
De n'avoir pu mourir d'un excès de douleur :

Ma mort étoit ma gloire, et le destin m'en prive
Pour croître mes malheurs et me voir ta captive.
Je dois bien toutefois rendre grâces aux dieux
De ce qu'en arrivant je te trouve en ces lieux,
Que César y commande, et non pas Ptolomée.
Hélas! et sous quel astre, ô ciel! m'as-tu formée
Si je leur dois des vœux de ce qu'ils ont permis
Que je rencontre ici mes plus grands ennemis,
Et tombe entre leurs mains plutôt qu'aux mains d'un prince
Qui doit à mon époux son trône et sa province?
César, de ta victoire écoute moins le bruit;
Elle n'est que l'effet du malheur qui me suit:
Je l'ai porté pour dot chez Pompée et chez Crasse.
Deux fois du monde entier j'ai causé la disgrâce,
Deux fois de mon hymen le nœud mal assorti
A chassé tous les dieux du plus juste parti.
Heureuse en mes malheurs si ce triste hyménée,
Pour le bonheur de Rome, à César m'eût donnée,
Et si j'eusse avec moi porté dans ta maison
D'un astre envenimé l'invincible poison!
Car enfin n'attends pas que j'abaisse ma haine;
Je te l'ai déjà dit, César, je suis Romaine:
Et, quoique ta captive, un cœur comme le mien
De peur de s'oublier ne te demande rien.
Ordonne; et, sans vouloir qu'il tremble ou s'humilie,
Souviens-toi seulement que je suis Cornélie.

CÉSAR.

O d'un illustre époux noble et digne moitié,
Dont le courage étonne, et le sort fait pitié!
Certes vos sentimens font assez reconnoître
Qui vous donna la main, et qui vous donna l'être;
Et l'on juge aisément, au cœur que vous portez,
Où vous êtes entrée et de qui vous sortez.
L'ame du jeune Crasse et celle de Pompée,

L'une et l'autre vertu par le malheur trompée,
Le sang des Scipions protecteur de nos dieux,
Parlent par votre bouche et brillent dans vos yeux;
Et Rome dans ses murs ne voit point de famille
Qui soit plus honorée ou de femme ou de fille.
Plût au grand Jupiter, plût à ces mêmes dieux
Qu'Annibal eût bravés jadis sans vos aïeux,
Que ce héros si cher dont le ciel vous sépare
N'eût pas si mal connu la cour d'un roi barbare,
Ni mieux aimé tenter une incertaine foi
Que la vieille amitié qu'il eût trouvée en moi;
Qu'il eût voulu souffrir qu'un bonheur de mes armes
Eût vaincu ses soupçons, dissipé ses alarmes;
Et qu'enfin, m'attendant sans plus se défier,
Il m'eût donné moyen de me justifier!
Alors, foulant aux pieds la discorde et l'envie,
Je l'eusse conjuré de se donner la vie,
D'oublier ma victoire, et d'aimer un rival
Heureux d'avoir vaincu pour vivre son égal.
J'eusse alors regagné son ame satisfaite,
Jusqu'à lui faire aux dieux pardonner sa défaite;
Il eût fait à son tour, en me rendant son cœur,
Que Rome eût pardonné la victoire au vainqueur.
Mais puisque par sa perte, à jamais sans seconde,
Le sort a dérobé cette allégresse au monde,
César s'efforcera de s'acquitter vers vous
De ce qu'il voudroit rendre à cet illustre époux.
Prenez donc en ces lieux liberté tout entière :
Seulement pour deux jours soyez ma prisonnière,
Afin d'être témoin comme après nos débats
Je chéris sa mémoire et venge son trépas,
Et de pouvoir apprendre à toute l'Italie
De quel orgueil nouveau m'enfle la Thessalie.
Je vous laisse à vous-même et vous quitte un moment.
Choisissez-lui, Lépide, un digne appartement;

Et qu'on l'honore ici, mais en dame romaine,
C'est à dire un peu plus qu'on n'honore la reine.
Commandez, et chacun aura soin d'obéir.

CORNÉLIE.

O ciel! que de vertus vous me faites haïr!

# ACTE QUATRIÈME.

## SCÈNE I.

#### PTOLOMEE, ACHILLAS, PHOTIN.

PTOLOMÉE.
Quoi! de la même main et de la même épée
Dont il vient d'immoler le malheureux Pompée,
Septime, par César indignement chassé,
Dans un tel désespoir à vos yeux a passé?
ACHILLAS.
Oui, seigneur; et sa mort a de quoi vous apprendre
La honte qu'il prévient et qu'il vous faut attendre.
Jugez quel est César à ce courroux si lent :
Un moment pousse et rompt un transport violent;
Mais l'indignation, qu'on prend avec étude,
Augmente avec le temps, et porte un coup plus rude.
Ainsi n'espérez pas de le voir modéré :
Par adresse il se fâche après s'être assuré.
Sa puissance établie, il a soin de sa gloire ;
Il poursuivoit Pompée, et chérit sa mémoire,
Et veut tirer à soi, par un courroux accort,
L'honneur de sa vengeance et le fruit de sa mort.
PTOLOMÉE.
Ah! si je t'avois cru je n'aurois pas de maître;
Je serois dans le trône où le ciel m'a fait naître :
Mais c'est une imprudence assez commune aux rois
D'écouter trop d'avis et se tromper au choix.
Le destin les aveugle au bord du précipice ;

Ou, si quelque lumière en leur ame se glisse,
Cette fausse clarté dont il les éblouit
Les plonge dans un gouffre, et puis s'évanouit.

PHOTIN.

J'ai mal connu César ; mais puisqu'en son estime
Un si rare service est un énorme crime,
Il porte dans son flanc de quoi nous en laver ;
C'est là qu'est notre grâce, il nous l'y faut trouver.
Je ne vous parle plus de souffrir sans murmure,
D'attendre son départ pour venger cette injure ;
Je sais mieux conformer les remèdes au mal :
Justifions sur lui la mort de son rival ;
Et, notre main alors également trempée
Et du sang de César et du sang de Pompée,
Rome, sans leur donner de titres différens,
Se croira par vous seul libre de deux tyrans.

PTOLOMÉE.

Oui, par là seulement ma perte est évitable ;
C'est trop craindre un tyran que j'ai fait redoutable :
Montrons que sa fortune est l'œuvre de nos mains ;
Deux fois en même jour disposons des Romains ;
Faisons leur liberté comme leur esclavage.
César, que tes exploits n'enflent plus ton courage ;
Considère les miens, tes yeux en sont témoins.
Pompée étoit mortel, et tu ne l'es pas moins :
Il pouvoit plus que toi ; tu lui portois envie :
Tu n'as, non plus que lui, qu'une ame et qu'une vie ;
Et son sort que tu plains te doit faire penser
Que ton cœur est sensible, et qu'on peut le percer.
Tonne, tonne à ton gré, fais peur de ta justice :
C'est à moi d'apaiser Rome par ton supplice ;
C'est à moi de punir ta cruelle douceur,
Qui n'épargne en un roi que le sang de sa sœur.
Je n'abandonne plus ma vie et ma puissance

Au hasard de sa haine ou de ton inconstance ;
Ne crois pas que jamais tu puisses à ce prix
Récompenser sa flamme ou punir ses mépris :
J'emploierai contre toi de plus nobles maximes.
Tu m'as prescrit tantôt de choisir des victimes,
De bien penser au choix ; j'obéis, et je voi
Que je n'en puis choisir de plus digne que toi,
Ni dont le sang offert, la fumée et la cendre
Puissent mieux satisfaire aux mânes de ton gendre.
Mais ce n'est pas assez, amis, de s'irriter ;
Il faut voir quels moyens on a d'exécuter.
Toute cette chaleur est peut-être inutile ;
Les soldats du tyran sont maîtres de la ville ;
Que pouvons-nous contre eux ? et pour les prévenir
Quel temps devons-nous prendre et quel ordre tenir?

ACHILLAS.

Nous pouvons tout, seigneur, en l'état où nous sommes :
A deux milles d'ici vous avez six mille hommes,
Que depuis quelques jours, craignant des remuemens,
Je faisois tenir prêts à tous événemens.
Quelques soins qu'ait César, sa prudence est déçue :
Cette ville a sous terre une secrète issue,
Par où fort aisément on les peut cette nuit
Jusque dans le palais introduire sans bruit ;
Car contre sa fortune aller à force ouverte
Ce seroit trop courir vous-même à votre perte ;
Il nous le faut surprendre au milieu du festin,
Enivré des douceurs de l'amour et du vin.
Tout le peuple est pour nous ; tantôt à son entrée
J'ai remarqué l'horreur que ce peuple a montrée
Lorsqu'avec tant de faste il a vu ses faisceaux
Marcher arrogamment et braver nos drapeaux.
Au spectacle insolent de ce pompeux outrage
Ses farouches regards étinceloient de rage :
Je voyois sa fureur à peine se dompter ;

Et, pour peu qu'on le pousse, il est prêt d'éclater.
Mais surtout les Romains, que commandoit Septime,
Pressés de la terreur que sa mort leur imprime,
Ne cherchent qu'à venger par un coup généreux
Le mépris qu'en leur chef ce superbe a fait d'eux.

PTOLOMÉE.

Mais qui pourra de nous approcher sa personne
Si durant le festin sa garde l'environne ?

PHOTIN.

Les gens de Cornélie, entre qui vos Romains
Ont déjà reconnu des frères, des germains,
Dont l'âpre déplaisir leur a laissé paroître
Une soif d'immoler leur tyran à leur maître :
Ils ont donné parole, et peuvent mieux que nous
Dans les flancs de César porter les premiers coups.
Son faux art de clémence, ou plutôt sa folie,
Qui pense gagner Rome en flattant Cornélie,
Leur donnera sans doute un assez libre accès
Pour de ce grand dessein assurer le succès.
Mais voici Cléopâtre : agissez avec feinte,
Seigneur, et ne montrez que foiblesse et que crainte :
Nous allons vous quitter comme objets odieux
Dont l'aspect importun offenseroit ses yeux.

PTOLOMÉE.

Allez : je vous rejoins.

## SCÈNE II.

**PTOLOMEE, CLEOPATRE, ACHOREE, CHARMION.**

CLÉOPATRE.

J'ai vu César, mon frère,
Et de tout mon pouvoir combattu sa colère.

ACTE IV, SCÈNE II.

PTOLOMÉE.

Vous êtes généreuse ; et j'avois attendu
Cet office de sœur que vous m'avez rendu.
Mais cet illustre amant vous a bientôt quittée?

CLÉOPATRE.

Sur quelque brouillerie en la ville excitée,
Il a voulu lui-même apaiser les débats
Qu'avec nos citoyens ont eus quelques soldats:
Et moi, j'ai bien voulu moi-même vous redire
Que vous ne craignez rien pour vous ni votre empire,
Et que le grand César blâme votre action
Avec moins de courroux que de compassion.
Il vous plaint d'écouter ces lâches politiques
Qui n'inspirent aux rois que des mœurs tyranniques.
Ainsi que la naissance ils ont les esprits bas ;
En vain on les élève à régir des états:
Un cœur né pour servir sait mal comme on commande;
Sa puissance l'accable alors qu'elle est trop grande ;
Et sa main, que le crime en vain fait redouter,
Laisse choir le fardeau qu'elle ne peut porter.

PTOLOMÉE.

Vous dites vrai, ma sœur; et ces effets sinistres
Me font bien voir ma faute au choix de mes ministres.
Si j'avois écouté de plus nobles conseils
Je vivrois dans la gloire où vivent mes pareils ;
Je mériterois mieux cette amitié si pure
Que pour un frère ingrat vous donne la nature ;
César embrasseroit Pompée en ce palais ;
Notre Égypte à la terre auroit rendu la paix,
Et verroit son monarque encore à juste titre
Ami de tous les deux et peut-être l'arbitre.
Mais, puisque le passé ne peut se révoquer,
Trouvez bon qu'avec vous mon cœur s'ose expliquer.
Je vous ai maltraitée ; et vous êtes si bonne

POMPÉE.

Que vous me conservez la vie et la couronne :
Vainquez-vous tout à fait ; et par un digne effort
Arrachez Achillas et Photin à la mort :
Elle leur est bien due, ils vous ont offensée ;
Mais ma gloire en leur perte est trop intéressée :
Si César les punit des crimes de leur roi,
Toute l'ignominie en rejaillit sur moi :
Il me punit en eux ; leur supplice est ma peine.
Forcez en ma faveur une trop juste haine :
De quoi peut satisfaire un cœur si généreux
Le sang abject et vil de ces deux malheureux ?
Que je vous doive tout: César cherche à vous plaire,
Et vous pouvez d'un mot désarmer sa colère.

CLÉOPATRE.

Si j'avois en mes mains leur vie et leur trépas,
Je les méprise assez pour ne m'en venger pas ;
Mais sur le grand César je puis fort peu de chose
Quand le sang de Pompée à mes désirs s'oppose.
Je ne me vante pas de pouvoir le fléchir :
J'en ai déjà parlé, mais il a su gauchir ;
Et, tournant le discours sur une autre matière,
Il n'a ni refusé ni souffert ma prière.
Je veux bien toutefois encor m'y hasarder :
Mes efforts redoublés pourront mieux succéder ;
Et j'ose croire...

PTOLOMÉE.

Il vient ; souffrez que je l'évite ;
Je crains que ma présence à vos yeux ne l'irrite,
Que son courroux ému ne s'aigrisse à me voir ;
Et vous agirez seule avec plus de pouvoir.

## SCÈNE III.

**CESAR, CLÉOPATRE, ANTOINE, LEPIDE, CHARMION, ACHORÉE, ROMAINS.**

CÉSAR.

Reine, tout est paisible ; et la ville calmée,
Qu'un trouble assez léger avoit trop alarmée,
N'a plus à redouter le divorce intestin
Du soldat insolent et du peuple mutin.
Mais, ô dieux ! ce moment que je vous ai quittée
D'un trouble bien plus grand a mon ame agitée ;
Et ces soins importuns qui m'arrachoient de vous
Contre ma grandeur même allumoient mon courroux :
Je lui voulois du mal de m'être si contraire,
De rendre ma présence ailleurs si nécessaire ;
Mais je lui pardonnois au simple souvenir
Du bonheur qu'à ma flamme elle fait obtenir.
C'est elle dont je tiens cette haute espérance,
Qui flatte mes désirs d'une illustre apparence,
Et fait croire à César qu'il peut former des vœux,
Qu'il n'est pas tout à fait indigne de vos feux,
Et qu'il peut en prétendre une juste conquête,
N'ayant plus que les dieux au dessus de sa tête.
Oui, reine, si quelqu'un dans ce vaste univers
Pouvoit porter plus haut la gloire de vos fers,
S'il étoit quelque trône où vous pussiez paroître
Plus dignement assise en captivant son maître,
J'irois, j'irois à lui, moins pour le lui ravir
Que pour lui disputer le droit de vous servir ;
Et je n'aspirerois au bonheur de vous plaire
Qu'après avoir mis bas un si grand adversaire.
C'étoit pour acquérir un droit si précieux
Que combattoit partout mon bras ambitieux ;

Et dans Pharsale même il a tiré l'épée
Plus pour le conserver que pour vaincre Pompée.
Je l'ai vaincu, princesse, et le dieu des combats
M'y favorisoit moins que vos divins appas ;
Ils conduisoient ma main, ils enfloient mon courage ;
Cette pleine victoire est leur dernier ouvrage :
C'est l'effet des ardeurs qu'ils daignoient m'inspirer ;
Et vos beaux yeux enfin, m'ayant fait soupirer
Pour faire que votre ame avec gloire y réponde,
M'ont rendu le premier et de Rome et du monde.
C'est ce glorieux titre, à présent effectif,
Que je viens ennoblir par celui de captif :
Heureux si mon esprit gagne tant sur le vôtre
Qu'il en estime l'un et me permette l'autre !

CLÉOPATRE.

Je sais ce que je dois au souverain bonheur
Dont me comble et m'accable un tel excès d'honneur.
Je ne vous tiendrai plus mes passions secrètes ;
Je sais ce que je suis, je sais ce que vous êtes.
Vous daignâtes m'aimer dès mes plus jeunes ans ;
Le sceptre que je porte est un de vos présens ;
Vous m'avez par deux fois rendu le diadème :
J'avoue après cela, seigneur, que je vous aime,
Et que mon cœur n'est point à l'épreuve des traits
Ni de tant de vertus ni de tant de bienfaits.
Mais, hélas ! ce haut rang, cette illustre naissance,
Cet état de nouveau rangé sous ma puissance,
Ce sceptre par vos mains dans les miennes remis
A mes vœux innocens sont autant d'ennemis :
Ils allument contre eux une implacable haine ;
Ils me font méprisable alors qu'ils me font reine ;
Et si Rome est encor telle qu'auparavant,
Le trône où je me sieds m'abaisse en m'élevant ;
Et ces marques d'honneur, comme titres infâmes,
Me rendent à jamais indigne de vos flammes.

J'ose encor toutefois, voyant votre pouvoir,
Permettre à mes désirs un généreux espoir.
Après tant de combats je sais qu'un si grand homme
A droit de triompher des caprices de Rome,
Et que l'injuste horreur qu'elle eut toujours des rois
Peut céder par votre ordre à de plus justes lois ;
Je sais que vous pouvez forcer d'autres obstacles :
Vous me l'avez promis, et j'attends ces miracles :
Votre bras dans Pharsale a fait de plus grands coups,
Et je ne les demande à d'autres dieux qu'à vous.

CÉSAR.

Tout miracle est facile où mon amour s'applique.
Je n'ai plus qu'à courir les côtes de l'Afrique,
Qu'à montrer mes drapeaux au reste épouvanté
Du parti malheureux qui m'a persécuté ;
Rome, n'ayant plus lors d'ennemis à me faire,
Par impuissance enfin prendra soin de me plaire ;
Et vos yeux la verront par un superbe accueil
Immoler à vos pieds sa haine et son orgueil.
Encore une défaite, et dans Alexandrie
Je veux que cette ingrate en ma faveur vous prie ;
Et qu'un juste respect conduisant ses regards
A votre chaste amour demande des Césars.
C'est l'unique bonheur où mes désirs prétendent ;
C'est le fruit que j'attends des lauriers qui m'attendent,
Heureux si mon destin, encore un peu plus doux,
Me les faisoit cueillir sans m'éloigner de vous !
Mais, las ! contre mon feu mon feu me sollicite ;
Si je veux être à vous, il faut que je vous quitte :
En quelques lieux qu'on fuie, il me faut y courir
Pour achever de vaincre et de vous conquérir.
Permettez cependant qu'à ces douces amorces
Je prenne un nouveau cœur et de nouvelles forces,
Pour faire dire encore aux peuples pleins d'effroi

Que venir, voir et vaincre est même chose en moi.

CLÉOPATRE.

C'est trop, c'est trop, seigneur; souffrez que j'en abuse;
Votre amour fait ma faute, il fera mon excuse.
Vous me rendez le sceptre et peut-être le jour;
Mais si j'ose abuser de cet excès d'amour
Je vous conjure encor par ses plus puissans charmes,
Par ce juste bonheur qui suit toujours vos armes,
Par tout ce que j'espère et que vous attendez,
De n'ensanglanter pas ce que vous me rendez.
Faites grâce, seigneur, ou souffrez que j'en fasse,
Et montre à tous par là que j'ai repris ma place.
Achillas et Photin sont gens à dédaigner;
Ils sont assez punis en me voyant régner;
Et leur crime...

CÉSAR.

   Ah! prenez d'autres marques de reine:
Dessus mes volontés vous êtes souveraine;
Mais, si mes sentimens peuvent être écoutés,
Choisissez des sujets dignes de vos bontés.
Ne vous donnez sur moi qu'un pouvoir légitime,
Et ne me rendez point complice de leur crime.
C'est beaucoup que pour vous j'ose épargner le roi;
Et si mes feux n'étoient...

## SCÈNE IV.

**CESAR, CORNELIE, CLEOPATRE, ACHORÉE, ANTOINE, LEPIDE, CHARMION, ROMAINS.**

CORNÉLIE.

   César, prends garde à toi:
Ta mort est résolue, on la jure, on l'apprête;
A celle de Pompée on veut joindre ta tête.

## ACTE IV, SCÈNE IV.

Prends-y garde, César, où ton sang répandu
Bientôt parmi le sien se verra confondu.
Mes esclaves en sont : apprends de leurs indices
L'auteur de l'attentat, et l'ordre, et les complices.
Je te les abandonne.

### CÉSAR.

O cœur vraiment romain
Et digne du héros qui vous donna la main !
Ses mânes, qui du ciel ont vu de quel courage
Je préparois la mienne à venger son outrage,
Mettant leur haine bas, me sauvent aujourd'hui
Par la moitié qu'en terre il nous laisse de lui.
Il vit, il vit encore en l'objet de sa flamme;
Il parle par sa bouche, il agit dans son ame,
Il la pousse, et l'oppose à cette indignité
Pour me vaincre par elle en générosité.

### CORNÉLIE.

Tu te flattes, César, de mettre en ta croyance
Que la haine ait fait place à la reconnoissance.
Ne le présume plus : le sang de mon époux
A rompu pour jamais tout commerce entre nous:
J'attends la liberté qu'ici tu m'as offerte,
Afin de l'employer tout entière à ta perte;
Et je te chercherai partout des ennemis
Si tu m'oses tenir ce que tu m'as promis.
Mais avec cette soif que j'ai de ta ruine
Je me jette au devant du coup qui t'assassine,
Et forme des désirs avec trop de raison
Pour en aimer l'effet par une trahison :
Qui la sait et la souffre a part à l'infamie.
Si je veux ton trépas, c'est en juste ennemie :
Mon époux a des fils, il aura des neveux;
Quand ils te combattront, c'est là que je le veux;
Et qu'une digne main, par moi-même animée,
Dans ton champ de bataille, aux yeux de ton armée,

T'immole noblement et par un digne effort
Aux mânes du héros dont tu venges la mort.
Tous mes soins, tous mes vœux hâtent cette vengeance;
Ta perte la recule, et ton salut l'avance.
Quelque espoir qui d'ailleurs me l'ose ou puisse offrir,
Ma juste impatience auroit trop à souffrir :
La vengeance éloignée est à demi perdue;
Et quand il faut l'attendre elle est trop cher vendue.
Je n'irai point chercher sur les bords africains
Le foudre souhaité que je vois en tes mains ;
La tête qu'il menace en doit être frappée.
J'ai pu donner la tienne au lieu d'elle à Pompée :
Ma haine avoit le choix ; mais cette haine enfin
Sépare son vainqueur d'avec son assassin,
Et ne croit avoir droit de punir ta victoire
Qu'après le châtiment d'une action si noire.
Rome le veut ainsi : son adorable front
Auroit de quoi rougir d'un trop honteux affront,
De voir en même jour, après tant de conquêtes,
Sous un indigne fer ses deux plus nobles têtes.
Son grand cœur, qu'à tes lois en vain tu crois soumis,
En veut aux criminels plus qu'à ses ennemis,
Et tiendroit à malheur le bien de se voir libre
Si l'attentat du Nil affranchissoit le Tibre.
Comme autre qu'un Romain n'a pu l'assujettir,
Autre aussi qu'un Romain ne l'en doit garantir.
Tu tomberois ici sans être sa victime ;
Au lieu d'un châtiment ta mort seroit un crime;
Et, sans que tes pareils en conçussent d'effroi,
L'exemple que tu dois périroit avec toi.
Venge-la de l'Egypte à son appui fatale,
Et je la vengerai, si je puis, de Pharsale.
Va, ne perds point de temps, il presse. Adieu : tu peux
Te vanter qu'une fois j'ai fait pour toi des vœux.

## SCÈNE V.

### CÉSAR, CLÉOPATRE, ANTOINE, LÉPIDE, ACHORÉE, CHARMION.

CÉSAR.

Son courage m'étonne autant que leur audace.
Reine, voyez pour qui vous me demandiez grâce !

CLÉOPATRE.

Je n'ai rien à vous dire : allez, seigneur, allez
Venger sur ces méchans tant de droits violés.
On m'en veut plus qu'à vous : c'est ma mort qu'ils respirent,
C'est contre mon pouvoir que les traîtres conspirent ;
Leur rage, pour l'abattre, attaque mon soutien,
Et par votre trépas cherche un passage au mien.
Mais, parmi ces transports d'une juste colère,
Je ne puis oublier que leur chef est mon frère.
Le saurez-vous, seigneur ? et pourrai-je obtenir
Que ce cœur irrité daigne s'en souvenir ?

CESAR.

Oui, je me souviendrai que ce cœur magnanime
Au bonheur de son sang veut pardonner son crime.
Adieu, ne craignez rien ; Achillas et Photin
Ne sont pas gens à vaincre un si puissant destin :
Pour les mettre en déroute eux et tous leurs complices
Je n'ai qu'à déployer l'appareil des supplices,
Et pour soldats choisis envoyer des bourreaux,
Qui portent hautement mes haches pour drapeaux.

(César rentre avec les Romains.)

CLÉOPATRE.

Ne quittez pas César ; allez, cher Achorée,
Repousser avec lui ma mort qu'on a jurée ;
Et quand il punira nos lâches ennemis
Faites-le souvenir de ce qu'il m'a promis.

Ayez l'œil sur le roi dans la chaleur des armes,
Et conservez son sang pour épargner mes larmes.

### ACHORÉE.

Madame, assurez-vous qu'il ne peut y périr
Si mon zèle et mes soins peuvent le secourir.

## ACTE CINQUIÈME.

### SCÈNE I.

CORNÉLIE *tenant une petite urne en sa main*, PHILIPPE.

CORNELIE.

Mes yeux, puis-je vous croire? et n'est-ce point un songe
Qui sur mes tristes vœux a formé ce mensonge?
Te revois-je, Philippe? et cet époux si cher
A-t-il reçu de toi les honneurs du bûcher?
Cette urne que je tiens contient-elle sa cendre?
O vous, à ma douleur objet terrible et tendre,
Eternel entretien de haine et de pitié,
Restes du grand Pompée, écoutez sa moitié.
N'attendez point de moi de regrets ni de larmes;
Un grand cœur à ses maux applique d'autres charmes.
Les foibles déplaisirs s'amusent à parler,
Et quiconque se plaint cherche à se consoler.
Moi, je jure des dieux la puissance suprême,
Et pour dire encor plus, je jure par vous-même;
Car vous pouvez bien plus sur ce cœur affligé
Que le respect des dieux qui l'ont mal protégé :
Je jure donc par vous, ô pitoyable reste,
Ma divinité seule après ce coup funeste,
Par vous qui seul ici pouvez me soulager,
De n'éteindre jamais l'ardeur de le venger.
Ptolomée à César par un lâche artifice,
Rome, de ton Pompée a fait un sacrifice;
Et je n'entrerai point dans tes murs désolés

Que le prêtre et le dieu ne lui soient immolés.
Faites-m'en souvenir, et soutenez ma haine,
O cendres, mon espoir aussi bien que ma peine;
Et pour m'aider un jour à perdre son vainqueur
Versez dans tous les cœurs ce que ressent mon cœur.
Toi qui l'as honoré sur cette infâme rive
D'une flamme pieuse autant comme chétive,
Dis-moi, quel bon démon a mis en ton pouvoir
De rendre à ce héros ce funèbre devoir?

PHILIPPE.

Tout couvert de son sang et plus mort que lui-même,
Après avoir cent fois maudit le diadème,
Madame, j'ai porté mes pas et mes sanglots
Du côté que le vent poussoit encor les flots.
Je cours long-temps en vain : mais enfin d'une roche
J'en découvre le tronc vers un sable assez proche
Où la vague en courroux sembloit prendre plaisir
A feindre de le rendre et puis s'en ressaisir.
Je m'y jette, et l'embrasse, et le pousse au rivage;
Et, ramassant sous lui le débris d'un naufrage,
Je lui dresse un bûcher à la hâte et sans art,
Tel que je pus sur l'heure et qu'il plut au hasard.
A peine brûloit-il que le ciel plus propice
M'envoie un compagnon en ce pieux office :
Cordus, un vieux Romain qui demeure en ces lieux,
Retournant de la ville, y détourne les yeux;
Et, n'y voyant qu'un tronc dont la tête est coupée,
A cette triste marque il reconnoît Pompée.
Soudain la larme à l'œil, « O toi, qui que tu sois,
A qui le ciel permet de si dignes emplois,
Ton sort est bien, dit-il, autre que tu ne penses :
Tu crains des châtimens, attends des récompenses.
César est en Egypte, et venge hautement
Celui pour qui ton zèle a tant de sentiment.
Tu peux faire éclater les soins qu'on t'en voit prendre,

Tu peux même à sa veuve en rapporter la cendre.
Son vainqueur l'a reçue avec tout le respect
Qu'un dieu pourroit ici trouver à son aspect.
Achéve, je reviens. » Il part et m'abandonne,
Et rapporte aussitôt ce vase qu'il me donne,
Où sa main et la mienne enfin ont renfermé
Ces restes d'un héros par le feu consumé.

CORNÉLIE.

Oh! que sa piété mérite de louanges!

PHILIPPE.

En entrant j'ai trouvé des désordres étranges:
J'ai vu fuir tout un peuple en foule vers le port,
Où le roi, disoit-on, s'étoit fait le plus fort.
Les Romains poursuivoient; et César, dans la place
Ruisselante du sang de cette populace,
Montroit de sa justice un exemple assez beau,
Faisant passer Photin par les mains d'un bourreau.
Aussitôt qu'il me voit il daigne me connoître,
Et prenant de ma main les cendres de mon maître,
« Restes d'un demi-dieu, dont à peine je puis
Egaler le grand nom, tout vainqueur que j'en suis,
De vos traîtres, dit-il, voyez punir les crimes :
Attendant des autels, recevez ces victimes :
Bien d'autres vont les suivre. Et toi, cours au palais
Porter à sa moitié ce don que je lui fais;
Porte à ses déplaisirs cette foible allégeance,
Et dis-lui que je cours achever sa vengeance. »
Ce grand homme à ces mots me quitte en soupirant,
Et baise avec respect ce vase qu'il me rend.

CORNÉLIE.

O soupirs! ô respect! oh! qu'il est doux de plaindre
Le sort d'un ennemi quand il n'est plus à craindre!
Qu'avec chaleur, Philippe, on court à le venger
Lorsqu'on s'y voit forcé par son propre danger,

Et quand cet intérêt qu'on prend pour sa mémoire
Fait notre sûreté comme il croit notre gloire !
César est généreux, j'en veux être d'accord ;
Mais le roi le veut perdre, et son rival est mort.
Sa vertu laisse lieu de douter à l'envie
De ce qu'elle feroit s'il le voyoit en vie :
Pour grand qu'en soit le prix, son péril en rabat ;
Cette ombre qui la couvre en affoiblit l'éclat :
L'amour même s'y mêle, et le force à combattre ;
Quand il venge Pompée il défend Cléopâtre.
Tant d'intérêts sont joints à ceux de mon époux
Que je ne devrois rien à ce qu'il fait pour nous,
Si, comme par soi-même un grand cœur juge un autre,
Je n'aimois mieux juger sa vertu par la nôtre,
Et croire que nous seuls armons ce combattant,
Parcequ'au point qu'il est j'en voudrois faire autant.

## SCÈNE II.

### CLEOPATRE, CORNELIE, PHILIPPE, CHARMION.

#### CLEOPATRE.

Je ne viens pas ici pour troubler une plainte
Trop juste à la douleur dont vous êtes atteinte ;
Je viens pour rendre hommage aux cendres d'un héros
Qu'un fidèle affranchi vient d'arracher aux flots,
Pour le plaindre avec vous, et vous jurer, madame,
Que j'aurois conservé ce maître de votre ame
Si le ciel, qui vous traite avec trop de rigueur,
M'en eût donné la force aussi bien que le cœur.
Si pourtant, à l'aspect de ce qu'il vous renvoie,
Vos douleurs laissoient place à quelque peu de joie,
Si la vengeance avoit de quoi vous soulager,
Je vous dirois aussi qu'on vient de vous venger ;

## ACTE V, SCÈNE II.

Que le traître Photin... Vous le savez peut-être?
#### CORNÉLIE.
Oui, princesse, je sais qu'on a puni ce traître.
#### CLÉOPATRE.
Un si prompt châtiment vous doit être bien doux.
#### CORNÉLIE.
S'il a quelque douceur, elle n'est que pour vous.
#### CLÉOPATRE.
Tous les cœurs trouvent doux le succès qu'ils espèrent.
#### CORNÉLIE.
Comme nos intérêts nos sentimens diffèrent :
Si César à sa mort joint celle d'Achillas
Vous êtes satisfaite, et je ne la suis pas.
Aux mânes de Pompée il faut une autre offrande ;
La victime est trop basse, et l'injure trop grande,
Et ce n'est pas un sang que pour la réparer
Son ombre et ma douleur daignent considérer.
L'ardeur de le venger, dans mon ame allumée,
En attendant César demande Ptolomée.
Tout indigne qu'il est de vivre et de régner,
Je sais bien que César se force à l'épargner :
Mais quoi que son amour ait osé vous promettre,
Le ciel plus juste enfin n'osera le permettre,
Et, s'il peut une fois écouter tous mes vœux,
Par la main l'un de l'autre ils périront tous deux.
Mon ame à ce bonheur, si le ciel me l'envoie,
Oubliera ses douleurs pour s'ouvrir à la joie.
Mais si ce grand souhait demande trop pour moi,
Si vous n'en perdez qu'un, ô ciel, perdez le roi.
#### CLÉOPATRE.
Le ciel sur nos souhaits ne règle pas les choses.
#### CORNÉLIE.
Le ciel règle souvent les effets sur les causes,
Et rend aux criminels ce qu'ils ont mérité.

CLEOPATRE.
Comme de la justice il a de la bonté.
CORNELIE.
Oui ; mais il fait juger, à voir comme il commence,
Que sa justice agit, et non pas sa clémence.
CLEOPATRE
Souvent de la justice il passe à la douceur.
CORNELIE.
Reine, je parle en veuve, et vous parlez en sœur.
Chacune a son sujet d'aigreur ou de tendresse,
Qui dans le sort du roi justement l'intéresse.
Apprenons par le sang qu'on aura répandu
A quels souhaits le ciel a le mieux répondu.
Voici votre Achorée.

## SCÈNE III.

CORNELIE, CLEOPATRE, ACHORÉE, PHILIPPE, CHARMION.

CLEOPATRE.
Hélas! sur son visage
Rien ne s'offre à mes yeux que de mauvais présage.
Ne nous déguisez rien, parlez sans me flatter ;
Qu'ai-je à craindre, Achorée, ou qu'ai-je à regretter?
ACHORÉE.
Aussitôt que César eut su la perfidie....
CLEOPATRE.
Ce ne sont pas ces soins que je veux qu'on me die;
Je sais qu'il fit trancher et clore ce conduit
Par où ce grand secours devoit être introduit ;
Qu'il manda tous les siens pour s'assurer la place
Où Photin a reçu le prix de son audace ;
Que d'un si prompt supplice Achillas étonné

ACTE V, SCÈNE III.

S'est aisément saisi du port abandonné ;
Que le roi l'a suivi ; qu'Antoine a mis à terre
Ce qui dans ses vaisseaux restoit de gens de guerre ;
Que César l'a rejoint ; et je ne doute pas
Qu'il n'ait su vaincre encore et punir Achillas.

ACHORÉE.

Oui, madame, on a vu son bonheur ordinaire...

CLEOPATRE.

Dites-moi seulement s'il a sauvé mon frère,
S'il m'a tenu promesse.

ACHORÉE.

Oui, de tout son pouvoir.

CLEOPATRE.

C'est là l'unique point que je voulois savoir.
Madame, vous voyez, les dieux m'ont écoutée.

CORNELIE.

Ils n'ont que différé la peine méritée.

CLEOPATRE.

Vous la vouliez sur l'heure : ils l'en ont garanti.

ACHORÉE.

Il faudroit qu'à nos vœux il eût mieux consenti.

CLEOPATRE.

Que disiez-vous naguère ? et que viens-je d'entendre ?
Accordez ces discours que j'ai peine à comprendre.

ACHORÉE.

Aucuns ordres ni soins n'ont pu le secourir ;
Malgré César et nous il a voulu périr :
Mais il est mort, madame, avec toutes les marques
Que puissent laisser d'eux les plus dignes monarques;
Sa vertu rappelée a soutenu son rang,
Et sa perte aux Romains a coûté bien du sang.
Il combattoit Antoine avec tant de courage
Qu'il emportoit déjà sur lui quelque avantage ;

Mais l'abord de César a changé le destin :
Aussitôt Achillas suit le sort de Photin,
Il meurt, mais d'une mort trop belle pour un traître,
Les armes à la main, en défendant son maître.
Le vainqueur crie en vain qu'on épargne le roi,
Ces mots au lieu d'espoir lui donnent de l'effroi ;
Son esprit alarmé les croit un artifice
Pour réserver sa tête à l'affront d'un supplice.
Il pousse dans nos rangs, il les perce, et fait voir
Ce que peut la vertu qu'arme le désespoir ;
Et son cœur, emporté par l'erreur qui l'abuse,
Cherche partout la mort, que chacun lui refuse.
Enfin perdant haleine après ces grands efforts,
Près d'être environné, ses meilleurs soldats morts,
Il voit quelques fuyards sauter dans une barque ;
Il s'y jette ; et les siens, qui suivent leur monarque,
D'un si grand nombre en foule accablent ce vaisseau
Que la mer l'engloutit avec tout son fardeau.
C'est ainsi que sa mort lui rend toute sa gloire,
A vous toute l'Egypte, à César la victoire.
Il vous proclame reine ; et bien qu'aucun Romain
Du sang que vous pleurez n'ait vu rougir sa main,
Il nous fait voir à tous un déplaisir extrême,
Il soupire, il gémit. Mais le voici lui-même,
Qui pourra mieux que moi vous montrer la douleur
Que lui donne du roi l'invincible malheur.

## SCÈNE IV.

**CESAR, CORNELIE, CLEOPATRE, ANTOINE, LEPIDE, ACHOREE, CHARMION, PHILIPPE.**

CORNÉLIE.

César, tiens-moi parole, et me rends mes galères :

## ACTE V, SCÈNE IV.

Achillas et Photin ont reçu leurs salaires ;
Leur roi n'a pu jouir de ton cœur adouci,
Et Pompée est vengé ce qu'il peut l'être ici.
Je n'y saurois plus voir qu'un funeste rivage,
Qui de leur attentat m'offre l'horrible image,
Ta nouvelle victoire et le bruit éclatant
Qu'aux changemens de roi pousse un peuple inconstant;
Et parmi ces objets ce qui le plus m'afflige
C'est d'y revoir toujours l'ennemi qui m'oblige.
Laisse-moi m'affranchir de cette indignité,
Et souffre que ma haine agisse en liberté.
A cet empressement j'ajoute une requête :
Vois l'urne de Pompée ; il y manque sa tête ;
Ne me la retiens plus ; c'est l'unique faveur
Dont je te puis encor prier avec honneur.

### CESAR.

Il est juste, et César est tout prêt de vous rendre
Ce reste où vous avez tant de droit de prétendre :
Mais il est juste aussi qu'après tant de sanglots
A ses mânes errans nous rendions le repos ;
Qu'un bûcher allumé par ma main et la vôtre
Le venge pleinement de la honte de l'autre,
Que son ombre s'apaise en voyant notre ennui ;
Et qu'une urne plus digne et de vous et de lui,
Après la flamme éteinte et les pompes finies,
Renferme avec éclat ses cendres réunies.
De cette même main dont il fut combattu
Il verra des autels dressés à sa vertu :
Il recevra des vœux, de l'encens, des victimes
Sans recevoir par là d'honneurs que légitimes.
Pour ces justes devoirs je ne veux que demain ;
Ne me refusez pas ce bonheur souverain.
Faites un peu de force à votre impatience ;
Vous êtes libre après; partez en diligence,

Portez à notre Rome un si digne trésor;
Portez...
### CORNÉLIE.
Non pas, César, non pas à Rome encor:
Il faut que ta défaite et que tes funérailles
A cette cendre aimée en ouvrent les murailles ;
Et, quoiqu'elle la tienne aussi chère que moi,
Elle n'y doit rentrer qu'en triomphant de toi.
Je la porte en Afrique ; et c'est là que j'espère
Que les fils de Pompée, et Caton, et mon père,
Secondés par l'effort d'un roi plus généreux,
Ainsi que la justice auront le sort pour eux.
C'est là que tu verras sur la terre et sur l'onde
Le débris de Pharsale armer un autre monde ;
Et c'est là que j'irai, pour hâter tes malheurs,
Porter de rang en rang ces cendres et mes pleurs.
Je veux que de ma haine ils reçoivent des règles,
Qu'ils suivent au combat des urnes au lieu d'aigles ;
Et que ce triste objet porte en leur souvenir
Les soins de le venger et ceux de te punir.
Tu veux à ce héros rendre un devoir suprême;
L'honneur que tu lui rends rejaillit sur toi-même :
Tu m'en veux pour témoin ; j'obéis au vainqueur ;
Mais ne présume pas toucher par là mon cœur.
La perte que j'ai faite est trop irréparable,
La source de ma haine est trop inépuisable :
A l'égal de mes jours je la ferai durer ;
Je veux vivre avec elle, avec elle expirer.
Je t'avouerai pourtant, comme vraiment Romaine,
Que pour toi mon estime est égale à ma haine ;
Que l'une et l'autre est juste, et montre le pouvoir
L'une de ta vertu, l'autre de mon devoir :
Que l'une est généreuse, et l'autre intéressée,
Et que dans mon esprit l'une et l'autre est forcée.
Tu vois que ta vertu, qu'en vain on veut trahir,

Me force de priser ce que je dois haïr.
Juge ainsi de la haine où mon devoir me lie ;
La veuve de Pompée y force Cornélie.
J'irai, n'en doute point, au sortir de ces lieux,
Soulever contre toi les hommes et les dieux ;
Ces dieux qui t'ont flatté, ces dieux qui m'ont trompée,
Ces dieux qui dans Pharsale ont mal servi Pompée,
Qui, la foudre à la main, l'ont pu voir égorger ;
Ils connoîtront leur faute, et le voudront venger.
Mon zèle à leur refus, aidé de sa mémoire,
Te saura bien sans eux arracher la victoire ;
Et quand tout mon effort se trouvera rompu
Cléopâtre fera ce que je n'aurai pu.
Je sais quelle est ta flamme et quelles sont ses forces,
Que tu n'ignores pas comme on fait les divorces,
Que ton amour t'aveugle, et que pour l'épouser
Rome n'a point de lois que tu n'oses briser :
Mais sache aussi qu'alors la jeunesse romaine
Se croira tout permis sur l'époux d'une reine,
Et que de cet hymen tes amis indignés
Vengeront sur ton sang leurs avis dédaignés.
J'empêche ta ruine, empêchant tes caresses.
Adieu : j'attends demain l'effet de tes promesses.

## SCÈNE V.

CESAR, CLEOPATRE, ANTOINE, LEPIDE, CHARMION.

### CLÉOPATRE.

Plutôt qu'à ces périls je vous puisse exposer,
Seigneur, perdez en moi ce qui les peut causer ;
Sacrifiez ma vie au bonheur de la vôtre ;
Le mien sera trop grand, et je n'en veux point d'autre,
Indigne que je suis d'un César pour époux,

Que de vivre en votre ame, étant morte pour vous.

CÉSAR.

Reine, ces vains projets sont le seul avantage
Qu'un grand cœur impuissant a du ciel en partage :
Comme il a peu de force, il a beaucoup de soins ;
Et s'il pouvoit plus faire il souhaiteroit moins.
Les dieux empêcheront l'effet de ces augures,
Et mes félicités n'en seront pas moins pures,
Pourvu que votre amour gagne sur vos douleurs
Qu'en faveur de César vous tarissiez vos pleurs,
Et que votre bonté, sensible à ma prière,
Pour un fidèle amant oublie un mauvais frère.
On aura pu vous dire avec quel déplaisir
J'ai vu le désespoir qu'il a voulu choisir ;
Avec combien d'efforts j'ai voulu le défendre
Des paniques terreurs qui l'avoient pu surprendre.
Il s'est de mes bontés jusqu'au bout défendu,
Et de peur de se perdre il s'est enfin perdu.
O honte pour César, qu'avec tant de puissance,
Tant de soins de vous rendre entière obéissance,
Il n'ait pu toutefois, en ces événemens,
Obéir au premier de vos commandemens !
Prenez-vous-en au ciel, dont les ordres sublimes
Malgré tous nos efforts savent punir les crimes ;
Sa rigueur envers lui vous offre un sort plus doux,
Puisque par cette mort l'Egypte est toute à vous.

CLÉOPATRE.

Je sais que j'en reçois un nouveau diadème,
Qu'on n'en peut accuser que les dieux et lui-même :
Mais comme il est, seigneur, de la fatalité
Que l'aigreur soit mêlée à la félicité,
Ne vous offensez pas si cet heur de vos armes
Qui me rend tant de biens me coûte un peu de larmes ;
Et si, voyant sa mort due à sa trahison,

Je donne à la nature ainsi qu'à la raison.
Je n'ouvre point les yeux sur ma grandeur si proche
Qu'aussitôt à mon cœur mon sang ne le reproche :
J'en ressens dans mon ame un murmure secret,
Et ne puis remonter au trône sans regret.

## SCÈNE VI.

### CESAR, CLEOPATRE, ANTOINE, LEPIDE, ACHORÉE.

ACHORÉE.

Un grand peuple, seigneur, dont cette cour est pleine,
Par des cris redoublés demande à voir la reine,
Et tout impatient déjà se plaint aux cieux
Qu'on lui donne trop tard un bien si précieux.

CÉSAR.

Ne lui refusons plus le bonheur qu'il désire ;
Princesse, allons par là commencer votre empire.
Fasse le juste ciel, propice à mes désirs,
Que ces longs cris de joie étouffent vos soupirs,
Et puissent ne laisser dedans votre pensée
Que l'image des traits dont mon ame est blessée !
Cependant qu'à l'envi ma suite et votre cour
Préparent pour demain la pompe d'un beau jour,
Où dans un digne emploi l'une et l'autre occupée
Couronne Cléopâtre et m'apaise Pompée,
Elève à l'une un trône, à l'autre des autels,
Et jure à tous les deux des respects immortels.

**FIN DE POMPÉE.**

# RODOGUNE,

## TRAGÉDIE.

### (1646.)

# PERSONNAGES.

CLÉOPATRE, reine de Syrie, veuve de Démétrius Nicanor.
SÉLEUCUS,
ANTIOCHUS, } fils de Démétrius et de Cléopâtre.
RODUGUNE, sœur de Phraates, roi des Parthes.
TIMAGÈNE, gouverneur des deux princes.
ORONTE, ambassadeur de Phraates.
LAONICE, sœur de Timagène, confidente de Cléopâtre.

*La scène est à Séleucie, dans le palais royal.*

# RODOGUNE.

## ACTE PREMIER.

### SCÈNE I.

#### LAONICE, TIMAGÈNE.

LAONICE.

Enfin ce jour pompeux, cet heureux jour nous luit
Qui d'un trouble si long doit dissiper la nuit;
Ce grand jour où l'hymen, étouffant la vengeance,
Entre le Parthe et nous remet l'intelligence,
Affranchit sa princesse, et nous fait pour jamais
Du motif de la guerre un lien de la paix;
Ce grand jour est venu, mon frère, où notre reine,
Cessant de plus tenir la couronne incertaine,
Doit rompre aux yeux de tous son silence obstiné,
De deux princes jumeaux nous déclarer l'aîné:
Et l'avantage seul d'un moment de naissance,
Dont elle a jusqu'ici caché la connoissance,
Mettant au plus heureux le sceptre dans la main,
Va faire l'un sujet, et l'autre souverain.
Mais n'admirez-vous point que cette même reine
Le donne pour époux à l'objet de sa haine,
Et n'en doit faire un roi qu'afin de couronner
Celle que dans les fers elle aimoit à gêner?
Rodogune, par elle en esclave traitée,
Par elle se va voir sur le trône montée,
Puisque celui des deux qu'elle nommera roi
Lui doit donner la main et recevoir sa foi.

## TIMAGÈNE.

Pour le mieux admirer trouvez bon, je vous prie,
Que j'apprenne de vous les troubles de Syrie.
J'en ai vu les premiers, et me souviens encor
Des malheureux succès du grand roi Nicanor,
Quand des Parthes vaincus pressant l'adroite fuite
Il tomba dans leurs fers au bout de sa poursuite.
Je n'ai pas oublié que cet événement
Du perfide Tryphon fit le soulèvement.
Voyant le roi captif, la reine désolée,
Il crut pouvoir saisir la couronne ébranlée ;
Et le sort favorable à son lâche attentat
Mit d'abord sous ses lois la moitié de l'état.
La reine craignant tout de ces nouveaux orages
En sut mettre à l'abri ses plus précieux gages ;
Et, pour n'exposer pas l'enfance de ses fils,
Me les fit chez son frère enlever à Memphis.
Là nous n'avons rien su que de la renommée,
Qui, par un bruit confus diversement semée,
N'a porté jusqu'à nous ces grands renversemens
Que sous l'obscurité de cent déguisemens.

## LAONICE.

Sachez donc que Tryphon, après quatre batailles,
Ayant su nous réduire à ces seules murailles,
En forma tôt le siége ; et, pour comble d'effroi,
Un faux bruit s'y coula touchant la mort du roi.
Le peuple épouvanté, qui déjà dans son ame
Ne suivoit qu'à regret les ordres d'une femme,
Voulut forcer la reine à choisir un époux.
Que pouvoit-elle faire, et seule, et contre tous ?
Croyant son mari mort, elle épousa son frère.
L'effet montra soudain ce conseil salutaire.
Le prince Antiochus, devenu nouveau roi,
Sembla de tous côtés traîner l'heur avec soi :

La victoire attachée au progrès de ses armes
Sur nos fiers ennemis rejeta nos alarmes;
Et la mort de Tryphon dans un dernier combat,
Changeant tout notre sort, lui rendit tout l'état.
Quelque promesse alors qu'il eût faite à la mère
De remettre ses fils au trône de leur père,
Il témoigna si peu de la vouloir tenir
Qu'elle n'osa jamais les faire revenir
Ayant régné sept ans, son ardeur militaire
Ralluma cette guerre où succomba son frère :
Il attaqua le Parthe, et se crut assez fort
Pour en venger sur lui la prison et la mort.
Jusque dans ses états il lui porta la guerre ;
Il s'y fit partout craindre à l'égal du tonnerre ;
Il lui donna bataille, où mille beaux exploits...
Je vous achèverai le reste une autre fois :
Un des princes survient.

*(Laonice veut se retirer.)*

## SCÈNE II.

### ANTIOCHUS, TIMAGÈNE, LAONICE.

#### ANTIOCHUS.

Demeurez, Laonice ;
Vous pouvez comme lui me rendre un bon office.
Dans l'état où je suis, triste et plein de souci,
Si j'espère beaucoup je crains beaucoup aussi.
Un seul mot aujourd'hui, maître de ma fortune,
M'ôte ou donne à jamais le sceptre et Rodogune,
Et de tous les mortels ce secret révélé
Me rend le plus content ou le plus désolé.
Je vois dans le hasard tous les biens que j'espère,
Et ne puis être heureux sans le malheur d'un frère,
Mais d'un frère si cher qu'une sainte amitié

Fait sur moi de ses maux rejaillir la moitié.
Donc pour moins hasarder j'aime mieux moins prétendre
Et pour rompre le coup que mon cœur n'ose attendre,
Lui cédant de deux biens le plus brillant aux yeux,
M'assurer de celui qui m'est plus précieux :
Heureux si, sans attendre un fâcheux droit d'aînesse,
Pour un trône incertain j'en obtiens la princesse,
Et puis par ce partage épargner les soupirs
Qui naîtroient de ma peine ou de ses déplaisirs !
Va le voir de ma part, Timagène, et lui dire
Que pour cette beauté je lui cède l'empire :
Mais porte-lui si haut la douceur de régner
Qu'à cet éclat du trône il se laisse gagner;
Qu'il s'en laisse éblouir jusqu'à ne pas connoître
A quel prix je consens de l'accepter pour maître.

## SCÈNE III.

### ANTIOCHUS, LAONICE.

#### ANTIOCHUS.

Et vous, en ma faveur voyez ce cher objet,
Et tâchez d'abaisser ses yeux sur un sujet
Qui peut-être aujourd'hui porteroit la couronne
S'il n'attachoit les siens à sa seule personne,
Et ne la préféroit à cet illustre rang
Pour qui les plus grands cœurs prodiguent tout leur sang.

## SCÈNE IV.

### ANTIOCHUS, LAONICE, TIMAGÈNE.

#### TIMAGÈNE.

Seigneur, le prince vient; et votre amour lui-même
Lui peut sans interprète offrir le diadème.

ANTIOCHUS.

Ah! je tremble; et la peur d'un trop juste refus
Rend ma langue muette et mon esprit confus.

## SCÈNE V.

### SELEUCUS, ANTIOCHUS, TIMAGÈNE, LAONICE.

SÉLEUCUS.

Vous puis-je en confiance expliquer ma pensée?

ANTIOCHUS.

Parlez; notre amitié par ce doute est blessée.

SÉLEUCUS.

Hélas! c'est le malheur que je crains aujourd'hui.
L'égalité, mon frère, en est le ferme appui;
C'en est le fondement, la liaison, le gage;
Et, voyant d'un côté tomber tout l'avantage,
Avec juste raison je crains qu'entre nous deux
L'égalité rompue en rompe les doux nœuds,
Et que ce jour fatal à l'heur de notre vie
Jette sur l'un de nous trop de honte ou d'envie.

ANTIOCHUS.

Comme nous n'avons eu jamais qu'un sentiment,
Cette peur me touchoit, mon frère, également;
Mais, si vous le voulez, j'en sais bien le remède.

SÉLEUCUS.

Si je le veux! bien plus! je l'apporte et vous cède
Tout ce que la couronne a de charmant en soi.
Oui, seigneur, car je parle à présent à mon roi,
Pour le trône cédé, cédez-moi Rodogune,
Et je n'envierai point votre haute fortune.
Ainsi notre destin n'aura rien de honteux,
Ainsi notre bonheur n'aura rien de douteux;

Et nous mépriserons ce foible droit d'aînesse,
Vous satisfait du trône, et moi de la princesse.

ANTIOCHUS.

Hélas!

SÉLEUCUS.

Recevez-vous l'offre avec déplaisir?

ANTIOCHUS.

Pouvez-vous nommer offre une ardeur de choisir
Qui de la même main qui me cède un empire
M'arrache un bien plus grand, et le seul où j'aspire?

SÉLEUCUS.

Rodogune?

ANTIOCHUS.

Elle-même; ils en sont les témoins.

SÉLEUCUS.

Quoi! l'estimez-vous tant?

ANTIOCHUS.

Quoi! l'estimez-vous moins?

SÉLEUCUS.

Elle vaut bien un trône, il faut que je le die.

ANTIOCHUS.

Elle vaut à mes yeux tout ce qu'en a l'Asie.

SÉLEUCUS.

Vous l'aimez donc, mon frère?

ANTIOCHUS.

Et vous l'aimez aussi :
C'est là tout mon malheur, c'est là tout mon souci.
J'espérois que l'éclat dont le trône se pare
Toucheroit vos désirs plus qu'un objet si rare ;
Mais aussi bien qu'à moi son prix vous est connu,
Et dans ce juste choix vous m'avez prévenu.
Ah! déplorable prince!

SÉLEUCUS.

Ah! destin trop contraire!

### ACTE I, SCÈNE V.

ANTIOCHUS.
Que ne ferois-je point contre un autre qu'un frère !
SELEUCUS.
O mon cher frère ! oh ! nom pour un rival trop doux !
Que ne ferois-je point contre un autre que vous !
ANTIOCHUS.
Où nous vas-tu réduire, amitié fraternelle !
SELEUCUS.
Amour, qui doit ici vaincre de vous ou d'elle ?
ANTIOCHUS.
L'amour, l'amour doit vaincre ; et la triste amitié
Ne doit être à tous deux qu'un objet de pitié.
Un grand cœur cède un trône, et le cède avec gloire;
Cet effort de vertu couronne sa mémoire :
Mais, lorsqu'un digne objet a pu nous enflammer,
Qui le cède est un lâche, et ne sait point aimer.
De tous deux Rodogune a charmé le courage;
Cessons par trop d'amour de lui faire un outrage :
Elle doit épouser non pas vous, non pas moi,
Mais de moi, mais de vous quiconque sera roi.
La couronne entre nous flotte encore incertaine ;
Mais sans incertitude elle doit être reine ;
Cependant, aveuglés dans notre vain projet,
Nous la faisions tous deux la femme d'un sujet !
Régnons ; l'ambition ne peut-être que belle,
Et pour elle quittée, et reprise pour elle ;
Et ce trône où tous deux nous osions renoncer,
Souhaitons-le tous deux afin de l'y placer :
C'est dans notre destin le seul conseil à prendre ;
Nous pouvons nous en plaindre, et nous devons l'attendre.
SELEUCUS.
Il faut encor plus faire, il faut qu'en ce grand jour
Notre amitié triomphe aussi bien que l'amour.
Ces deux siéges fameux de Thèbes et de Troie,

Qui mirent l'une en sang, l'autre aux flammes en proie,
N'eurent pour fondement à leurs maux infinis
Que ceux que contre nous le sort a réunis.
Il sème entre nous deux toute la jalousie
Qui dépeupla la Grèce et saccagea l'Asie :
Un même espoir de sceptre est permis à tous deux ;
Pour la même beauté nous faisons mêmes vœux.
Thèbes périt pour l'un, Troie a brûlé pour l'autre.
Tout va choir en ma main, ou tomber en la vôtre.
En vain notre amitié tâchoit à partager ;
Et, si j'ose tout dire, un titre assez léger,
Un droit d'aînesse obscur, sur la foi d'une mère,
Va combler l'un de gloire et l'autre de misère.
Que de sujets de plainte en ce double intérêt
Aura le malheureux contre un si foible arrêt !
Que de sources de haine ! Hélas ! jugez le reste,
Craignez-en avec moi l'événement funeste ;
Ou plutôt avec moi faites un digne effort
Pour armer votre cœur contre un si triste sort.
Malgré l'éclat du trône et l'amour d'une femme
Faisons si bien régner l'amitié sur notre ame
Qu'étouffant dans leur perte un regret suborneur
Dans le bonheur d'un frère on trouve son bonheur.
Ainsi ce qui jadis perdit Thèbes et Troie
Dans nos cœurs mieux unis ne versera que joie.
Ainsi notre amitié triomphante à son tour
Vaincra la jalousie en cédant à l'amour,
Et, de notre destin bravant l'ordre barbare,
Trouvera des douceurs aux maux qu'il nous prépare.

ANTIOCHUS.

Le pourrez-vous, mon frère !

SELEUCUS.

Ah ! que vous me pressez !
Je le voudrai du moins, mon frère, et c'est assez ;

Et ma raison sur moi gardera tant d'empire
Que je désavouerai mon cœur, s'il en soupire.
### ANTIOCHUS.
J'embrasse comme vous ces nobles sentimens.
Mais allons leur donner le secours des sermens,
Afin qu'étant témoins de l'amitié jurée
Les dieux contre un tel coup assurent sa durée.
### SELEUCUS.
Allons, allons l'étreindre, au pied de leurs autels,
Par des liens sacrés et des nœuds immortels.

## SCÈNE VI.
### LAONICE, TIMAGÈNE.
### LAONICE.
Peut-on plus dignement mériter la couronne ?
### TIMAGÈNE.
Je ne suis point surpris de ce qui vous étonne;
Confident de tous deux, prévoyant leur douleur,
J'ai prévu leur constance, et j'ai plaint leur malheur.
Mais de grâce achevez l'histoire commencée.
### LAONICE.
Pour la reprendre donc où nous l'avons laissée,
Les Parthes au combat par les nôtres forcés,
Tantôt presque vainqueurs, tantôt presque enfoncés,
Sur l'une et l'autre armée également heureuse
Virent long-temps voler la victoire douteuse :
Mais la fortune enfin se tourna contre nous,
Si bien qu'Antiochus, percé de mille coups,
Près de tomber aux mains d'une troupe ennemie,
Lui voulut dérober les restes de sa vie ;
Et, préférant aux fers la gloire périr,
Lui-même par sa main acheva de mourir.
La reine ayant appris cette triste nouvelle

En reçut tôt après une autre plus cruelle,
Que Nicanor vivoit ; que sur un faux rapport
De ce premier époux elle avoit cru la mort ;
Que, piqué jusqu'au vif contre son hyménée,
Son ame à l'imiter s'étoit déterminée ;
Et que pour s'affranchir des fers de son vainqueur
Il alloit épouser la princesse sa sœur.
C'est cette Rodogune où l'un et l'autre frére
Trouve encor les appas qu'avoit trouvés leur pére.
La reine envoie en vain pour se justifier ;
On a beau la défendre, on a beau le prier,
On ne rencontre en lui qu'un juge inexorable ;
Et son amour nouveau la veut croire coupable :
Son erreur est un crime ; et pour l'en punir mieux
Il veut même épouser Rodogune à ses yeux,
Arracher de son front le sacré diadème
Pour ceindre une autre tête en sa présence même,
Soit qu'ainsi sa vengeance eût plus d'indignité,
Soit qu'ainsi cet hymen eût plus d'autorité,
Et qu'il assurât mieux par cette barbarie
Aux enfans qui naîtroient le trône de Syrie.
Mais tandis qu'animé de colère et d'amour
Il vient déshériter ses fils par son retour,
Et qu'un gros escadron de Parthes pleins de joie
Conduit ces deux amans, et court comme à la proie,
La reine, au désespoir de n'en rien obtenir,
Se résout de se perdre ou de le prévenir.
Elle oublie un mari qui veut cesser de l'être,
Qui ne veut plus la voir qu'en implacable maître ;
Et, changeant à regret son amour en horreur,
Elle abandonne tout à sa juste fureur.
Elle-même leur dresse une embûche au passage,
Se mêle dans les coups, porte partout sa rage,
En pousse jusqu'au bout les furieux effets.
Que vous dirai-je enfin ? les Parthes sont défaits ;

Le roi meurt, et, dit-on, par la main de la reine ;
Rodogune captive est livrée à sa haine.
Tous les maux qu'un esclave endure dans les fers,
Alors sans moi, mon frère, elle les eût soufferts.
La reine, à la gêner prenant mille délices,
Ne commettoit qu'à moi l'ordre de ses supplices ;
Mais quoi que m'ordonnât cette ame tout en feu,
Je promettois beaucoup, et j'exécutois peu.
Le Parthe cependant en jure la vengeance :
Sur nous à main armée il fond en diligence,
Nous surprend, nous assiége, et fait un tel effort
Que, la ville aux abois, on lui parle d'accord.
Il veut fermer l'oreille, enflé de l'avantage ;
Mais voyant parmi nous Rodogune en otage,
Enfin il craint pour elle, et nous daigne écouter ;
Et c'est ce qu'aujourd'hui l'on doit exécuter.
La reine de l'Egypte a rappelé nos princes
Pour remettre à l'aîné son trône et ses provinces.
Rodogune a paru, sortant de sa prison,
Comme un soleil levant dessus notre horizon.
Le Parthe a décampé, pressé par d'autres guerres
Contre l'Arménien qui ravage ses terres :
D'un ennemi cruel il s'est fait notre appui.
La paix finit la haine ; et pour comble aujourd'hui,
Dois-je dire de bonne ou mauvaise fortune ?
Nos deux princes tous deux adorent Rodogune.

TIMAGÈNE.

Sitôt qu'ils ont paru tous deux en cette cour
Ils ont vu Rodogune, et j'ai vu leur amour :
Mais comme étant rivaux nous les trouvons à plaindre,
Connoissant leur vertu je n'en vois rien à craindre.
Pour vous qui gouvernez cet objet de leurs vœux...

LAONICE.

Je n'ai point encor vu qu'elle aime aucun des deux.

TIMAGÈNE.

Vous me trouvez mal propre à cette confidence,
Et peut-être à dessein... Je la vois qui s'avance.
Adieu, je dois au rang qu'elle est prête à tenir
Du moins la liberté de vous entretenir.

## SCÈNE VII.

### RODOGUNE, LAONICE.

RODOGUNE.

Je ne sais quel malheur aujourd'hui me menace,
Et coule dans ma joie une secrète glace :
Je tremble, Laonice, et te voulois parler,
Ou pour chasser ma crainte, ou pour m'en consoler.

LAONICE.

Quoi! madame, en ce jour pour vous si plein de gloire.

RODOGUNE.

Ce jour m'en promet tant que j'ai peine à tout croire,
La fortune me traite avec trop de respect;
Et le trône, et l'hymen, tout me devient suspect.
L'hymen semble à mes yeux cacher quelque supplice,
Le trône sous mes pas creuser un précipice :
Je vois de nouveaux fers après les miens brisés,
Et je prends tous ces biens pour des maux déguisés;
En un mot je crains tout de l'esprit de la reine.

LAONICE.

La paix qu'elle a jurée en a calmé la haine.

RODOGUNE.

La haine entre les grands se calme rarement :
La paix souvent n'y sert que d'un amusement;
Et dans l'état où j'entre, à te parler sans feinte,
Elle a lieu de me craindre, et je crains cette crainte.
Non qu'enfin je ne donne au bien des deux états

## ACTE I, SCÈNE VII.

Ce que j'ai dû de haine à de tels attentats :
J'oublie, et pleinement, toute mon aventure ;
Mais une grande offense est de cette nature
Que toujours son auteur impute à l'offensé
Un vif ressentiment dont il le croit blessé ;
Et quoiqu'en apparence on les réconcilie,
Il le craint, il le hait, et jamais ne s'y fie ;
Et, toujours alarmé de cette illusion,
Sitôt qu'il peut le perdre il prend l'occasion.
Telle est pour moi la reine.

LAONICE.

Ah ! madame, je jure
Que par ce faux soupçon vous lui faites injure :
Vous devez oublier un désespoir jaloux
Où força son courage un infidèle époux.
Si, teinte de son sang et toute furieuse,
Elle vous traita lors en rivale odieuse,
L'impétuosité d'un premier mouvement
Engageoit sa vengeance à ce dur traitement :
Il falloit un prétexte à vaincre sa colère,
Il y falloit du temps ; et pour ne vous rien taire,
Quand je me dispensois à lui mal obéir,
Quand en votre faveur je semblois la trahir,
Peut-être qu'en son cœur plus douce et repentie
Elle en dissimuloit la meilleure partie ;
Que, se voyant tromper, elle fermoit les yeux,
Et qu'un peu de pitié la satisfaisoit mieux.
A présent que l'amour succède à la colère
Elle ne vous voit plus qu'avec des yeux de mère ;
Et si de cet amour je la voyois sortir
Je jure de nouveau de vous en avertir :
Vous savez comme quoi je vous suis tout acquise.
Le roi souffriroit-il d'ailleurs quelque surprise ?

#### RODOGUNE.

Qui que ce soit des deux qu'on couronne aujourd'hui,
Elle sera sa mére, et pourra tout sur lui.

#### LAONICE.

Qui que ce soit des deux, je sais qu'il vous adore :
Connoissant leur amour, pouvez-vous craindre encore?

#### RODOGUNE.

Oui, je crains leur hymen, et d'être à l'un des deux.

#### LAONICE.

Quoi ! sont-ils des sujets indignes de vos feux ?

#### RODOGUNE.

Comme ils ont même sang avec pareil mérite,
Un avantage égal pour eux me sollicite ;
Mais il est malaisé dans cette égalité
Qu'un esprit combattu ne penche d'un côté.
Il est des nœuds secrets, il est des sympathies
Dont par le doux rapport les ames assorties
S'attachent l'une à l'autre, et se laissent piquer
Par ces je ne sais quoi qu'on ne peut expliquer.
C'est par là que l'un d'eux obtient la préférence :
Je crois voir l'autre encore avec indifférence ;
Mais cette indifférence est une aversion
Lorsque je la compare avec ma passion.
Etrange effet d'amour ! incroyable chimére !
Je voudrois être à lui si je n'aimois son frère ;
Et le plus grand des maux toutefois que je crains
C'est que mon triste sort me livre entre ses mains.

#### LAONICE.

Ne pourrai-je servir une si belle flamme ?

#### RODOGUNE.

Ne crois pas en tirer le secret de mon ame :
Quelque époux que le ciel veuille me destiner,
C'est à lui pleinement que je veux me donner.
De celui que je crains si je suis le partage,

Je saurai l'accepter avec même visage :
L'hymen me le rendra précieux à son tour,
Et le devoir fera ce qu'auroit fait l'amour
Sans crainte qu'on reproche à mon humeur forcée
Qu'un autre qu'un mari règne sur ma pensée.
### LAONICE.
Vous craignez que ma foi vous l'ose reprocher !
### RODOGUNE.
Que ne puis-je à moi-même aussi bien le cacher !
### LAONICE.
Quoi que vous me cachiez, aisément je devine ;
Et, pour vous dire enfin ce que je m'imagine,
Le prince...
### RODOGUNE.
    Garde-toi de nommer mon vainqueur :
Ma rougeur trahiroit les secrets de mon cœur ;
Et je te voudrois mal de cette violence
Que ta dextérité feroit à mon silence ;
Même de peur qu'un mot par hasard échappé
Te fasse voir ce cœur et quels traits l'ont frappé,
Je romps un entretien dont la suite me blesse.
Adieu ; mais souviens-toi que c'est sur ta promesse
Que mon esprit reprend quelque tranquillité.
### LAONICE.
Madame, assurez-vous sur ma fidélité.

# ACTE SECOND.

## SCÈNE I.

### CLEOPATRE.

Sermens fallacieux, salutaire contrainte
Que m'imposa la force et qu'accepta ma crainte,
Heureux déguisemens d'un immortel courroux,
Vains fantômes d'état, évanouissez-vous :
Si d'un péril pressant la terreur vous fit naître,
Avec ce péril même il vous faut disparoître,
Semblables à ces vœux dans l'orage formés
Qu'efface un prompt oubli quand les flots sont calmés.
Et vous qu'avec tant d'art cette feinte a voilée,
Recours des impuissans, haine dissimulée,
Digne vertu des rois, noble secret de cour,
Eclatez, il est temps, et voici notre jour :
Montrons-nous toutes deux, non plus comme sujettes,
Mais telle que je suis, et telle que vous êtes.
Le Parthe est éloigné, nous pouvons tout oser :
Nous n'avons rien à craindre et rien à déguiser ;
Je hais, je règne encor. Laissons d'illustres marques
En quittant, s'il le faut, ce haut rang des monarques :
Faisons-en avec gloire un départ éclatant,
Et rendons-le funeste à celle qui l'attend.
C'est encor, c'est encor cette même ennemie
Qui cherchoit ses honneurs dedans mon infamie,
Dont la haine à son tour croit me faire la loi,
Et régner par mon ordre et sur vous et sur moi.
Tu m'estimes bien lâche, imprudente rivale,
Si tu crois que mon cœur jusque là se ravale

Qu'il souffre qu'un hymen qu'on t'a promis en vain
Te mette ta vengeance et mon sceptre à la main.
Vois jusqu'où m'emporta l'amour du diadème ;
Vois quel sang il me coûte, et tremble pour toi-même:
Tremble, te dis-je, et songe en dépit du traité
Que pour t'en faire un don je l'ai trop acheté.

## SCÈNE II.

### CLÉOPATRE, LAONICE.

CLÉOPATRE.

Laonice, vois-tu que le peuple s'apprête
Au pompeux appareil de cette grande fête ?

LAONICE.

La joie en est publique, et les princes tous deux
Des Syriens ravis emportent tous les vœux :
L'un et l'autre fait voir un mérite si rare
Que le souhait confus entre les deux s'égare ;
Et ce qu'en quelques-uns on voit d'attachement
N'est qu'un foible ascendant d'un premier mouvement.
Ils penchent d'un côté, prêts à tomber de l'autre :
Leur choix pour s'affermir attend encer le vôtre ;
Et de celui qu'ils font ils sont si peu jaloux
Que votre secret su les réunira tous.

CLÉOPATRE.

Sais-tu que mon secret n'est pas ce que l'on pense ?

LAONICE.

J'attends avec eux tous celui de leur naissance.

CLÉOPATRE.

Pour un esprit de cour et nourri chez les grands,
Tes yeux dans leurs secrets sont bien peu pénétrans.
Apprends, ma confidente, apprends à me connoître
Si je cache en quel rang le ciel les a fait naître,

Vois, vois que tant que l'ordre en demeure douteux
Aucun des deux ne règne, et je règne pour eux :
Quoique ce soit un bien que l'un et l'autre attende,
De crainte de le perdre aucun ne le demande;
Cependant je possède, et leur droit incertain
Me laisse avec leur sort leur sceptre dans la main.
Voilà mon grand secret : sais-tu par quel mystère
Je les laissois tous deux en dépôt chez mon frère ?

LAONICE.

J'ai cru qu'Antiochus les tenoit éloignés
Pour jouir des états qu'il avoit regagnés.

CLÉOPATRE.

Il occupoit leur trône, et craignoit leur présence;
Et cette juste crainte assuroit ma puissance.
Mes ordres en étoient de point en point suivis
Quand je le menaçois du retour de mes fils.
Voyant ce foudre prêt à suivre ma colère,
Quoi qu'il me plût oser, il n'osoit me déplaire :
Et, content malgré lui du vain titre de roi,
S'il régnoit au lieu d'eux ce n'étoit que sous moi.
Je te dirai bien plus: sans violence aucune
J'aurois vu Nicanor épouser Rodogune
Si, content de lui plaire et de me dédaigner,
Il eût vécu chez elle en me laissant régner.
Son retour me fâchoit plus que son hyménée,
Et j'aurois pu l'aimer s'il ne l'eût couronnée.
Tu vis comme il y fit des efforts superflus;
Je fis beaucoup alors, et ferois encor plus
S'il étoit quelque voie, infâme ou légitime,
Que m'enseignât la gloire ou que m'ouvrît le crime,
Qui me pût conserver un bien que j'ai chéri
Jusqu'à verser pour lui tout le sang d'un mari.
Dans l'état pitoyable où m'en réduit la suite,
Délices de mon cœur, il faut que je te quitte;

On m'y force, il le faut : mais on verra quel fruit
En recevra bientôt celle qui m'y réduit.
L'amour que j'ai pour toi tourne en haine pour elle:
Autant que l'un fut grand l'autre sera cruelle;
Et puisqu'en te perdant j'ai sur qui m'en venger
Ma perte est supportable, et mon mal est léger.

LAONICE.

Quoi! vous parlez encor de vengeance et de haine
Pour celle dont vous-même allez faire une reine !

CLÉOPATRE.

Quoi! je ferois un roi pour être son époux,
Et m'exposer aux traits de son juste courroux!
N'apprendras-tu jamais, ame basse et grossière,
A voir par d'autres yeux que les yeux du vulgaire?
Toi qui connois ce peuple, et sais qu'aux champs de Mars
Lâchement d'une femme il suit les étendards,
Que sans Antiochus Tryphon m'eût dépouillée,
Que sous lui son ardeur fut soudain réveillée,
Ne saurois-tu juger que si je nomme un roi
C'est pour le commander et combattre pour moi ?
J'en ai le choix en main avec le droit d'aînesse ;
Et, puisqu'il en faut faire une aide à ma foiblesse,
Que la guerre sans lui ne peut se rallumer,
J'userai bien du droit que j'ai de le nommer.
On ne montera point au rang dont je dévale
Qu'en épousant ma haine au lieu de ma rivale:
Ce n'est qu'en me vengeant qu'on me le peut ravir,
Et je ferai régner qui me voudra servir.

LAONICE.

Je vous connoissois mal.

CLÉOPATRE.

     Connois-moi tout entière.
Quand je mis Rodogune en tes mains prisonnière
Ce ne fut ni pitié ni respect de son rang

Qui m'arrêta le bras et conserva son sang.
La mort d'Antiochus me laissoit sans armée,
Et d'une troupe en hâte à me suivre animée
Beaucoup dans ma vengeance ayant fini leurs jours
M'exposoient à son frère, et foible, et sans secours.
Je me voyois perdue à moins d'un tel otage.
Il vint, et sa fureur craignit pour ce cher gage :
Il m'imposa des lois, exigea des sermens ;
Et moi j'accordai tout pour obtenir du temps.
Le temps est un trésor plus grand qu'on ne peut croire:
J'en obtins, et je crus obtenir la victoire.
J'ai pu reprendre haleine ; et, sous de faux apprêts...
Mais voici mes deux fils que j'ai mandés exprés.
Ecoute, et tu verras quel est cet hyménée
Où se doit terminer cette illustre journée.

## SCÈNE III.

### CLÉOPATRE, ANTIOCHUS, SELEUCUS, LAONICE.

#### CLÉOPATRE.

Mes enfans, prenez place. Enfin voici le jour
Si doux à mes souhaits, si cher à mon amour,
Où je puis voir briller sur une de vos têtes
Ce que j'ai conservé parmi tant de tempêtes,
Et vous remettre un bien, après tant de malheurs,
Qui m'a coûté pour vous tant de soins et de pleurs.
Il peut vous souvenir quelles furent mes larmes
Quand Tryphon me donna de si rudes alarmes
Que, pour ne vous pas voir exposés à ses coups,
Il fallut me résoudre à me priver de vous.
Quelles peines depuis, grands dieux! n'ai-je souffertes!
Chaque jour redoubla mes douleurs et mes pertes.
Je vis votre royaume entre ces murs réduit.

Je crus mort votre père; et, sur un si faux bruit,
Le peuple mutiné voulut avoir un maître:
J'eus beau le nommer lâche, ingrat, parjure, traître,
Il fallut satisfaire à son brutal désir;
Et, de peur qu'il en prît, il m'en fallut choisir.
Pour vous sauver l'état que n'eussé-je pu faire?
Je choisis un époux avec des yeux de mère,
Votre oncle Antiochus, et j'espérai qu'en lui
Votre trône tombant trouveroit un appui.
Mais à peine son bras en relève la chute
Que par lui de nouveau le sort me persécute;
Maître de votre état par sa valeur sauvé,
Il s'obstine à remplir ce trône relevé:
Qui lui parle de vous attire sa menace.
Il n'a défait Tryphon que pour prendre sa place;
Et, de dépositaire et de libérateur,
Il s'érige en tyran et lâche usurpateur.
Sa main l'en a puni: pardonnons à son ombre:
Aussi bien en un seul voici des maux sans nombre.
Nicanor, votre père et mon premier époux...
Mais pourquoi lui donner encor des noms si doux,
Puisque, l'ayant cru mort, il sembla ne revivre
Que pour s'en dépouiller afin de nous poursuivre?
Passons; je ne me puis souvenir sans trembler
Du coup dont j'empêchai qu'il nous pût accabler:
Je ne sais s'il est digne ou d'horreur ou d'estime,
S'il plut aux dieux ou non, s'il fut justice ou crime;
Mais, soit crime ou justice, il est certain, mes fils,
Que mon amour pour vous fit tout ce que je fis:
Ni celui des grandeurs ni celui de la vie
Ne jeta dans mon cœur cette aveugle furie.
J'étois lasse d'un trône où d'éternels malheurs
Me combloient chaque jour de nouvelles douleurs.
Ma vie est presque usée, et ce reste inutile
Chez mon frère avec vous trouvoit un sûr asile:

Mais voir, après douze ans et de soins et de maux,
Un père vous ôter le fruit de mes travaux !
Mais voir votre couronne après lui destinée
Aux enfans qui naîtroient d'un second hyménée !
A cette indignité je ne connus plus rien ;
Je me crus tout permis pour garder votre bien.
Recevez donc, mes fils, de la main d'une mère
Un trône racheté par le malheur d'un père.
Je crus qu'il fit lui-même un crime en vous l'ôtant ;
Et si j'en ai fait un en vous le rachetant,
Daigne du juste ciel la bonté souveraine,
Vous en laissant le fruit, m'en réserver la peine,
Ne lancer que sur moi les foudres mérités,
Et n'épandre sur vous que des prospérités !

ANTIOCHUS.

Jusques ici, madame, aucun ne met en doute
Les longs et grands travaux que notre amour vous coûte,
Et nous croyons tenir des soins de cet amour
Ce doux espoir du trône aussi bien que le jour ;
Le récit nous en charme, et nous fait mieux comprendre
Quelles grâces tous deux nous vous en devons rendre :
Mais, afin qu'à jamais nous les puissions bénir,
Epargnez le dernier à notre souvenir.
Ce sont fatalités dont l'ame embarrassée
A plus qu'elle ne veut se voit souvent forcée.
Sur les noires couleurs d'un si triste tableau
Il faut passer l'éponge ou tirer le rideau :
Un fils est criminel quand il les examine ;
Et, quelque suite enfin que le ciel y destine,
J'en rejette l'idée, et crois qu'en ces malheurs
Le silence ou l'oubli nous sied mieux que les pleurs.
Nous attendons le sceptre avec même espérance :
Mais si nous l'attendons c'est sans impatience ;
Nous pouvons sans régner vivre tous deux contens ;

## ACTE II, SCÈNE III.

C'est le fruit de vos soins, jouissez-en long-temps :
Il tombera sur nous quand vous en serez lasse ;
Nous le recevrons lors de bien meilleure grâce ;
Et l'accepter sitôt semble nous reprocher
De n'être revenus que pour vous l'arracher.

### SELEUCUS.

J'ajouterai, madame, à ce qu'a dit mon frère
Que, bien qu'avec plaisir et l'un et l'autre espère,
L'ambition n'est pas notre plus grand désir.
Régnez, nous le verrons tous deux avec plaisir ;
Et c'est bien la raison que, pour tant de puissance,
Nous vous rendions du moins un peu d'obéissance,
Et que celui de nous dont le ciel a fait choix
Sous votre illustre exemple apprenne l'art des rois.

### CLEOPATRE.

Dites tout, mes enfans : vous fuyez la couronne,
Non que son trop d'éclat ou son poids vous étonne ;
L'unique fondement de cette aversion
C'est la honte attachée à sa possession.
Elle passe à vos yeux pour la même infamie
S'il faut la partager avec votre ennemie,
Et qu'un indigne hymen la fasse retomber
Sur celle qui venoit pour vous la dérober.
O nobles sentimens d'une ame généreuse !
O fils vraiment mes fils ! ô mère trop heureuse !
Le sort de votre père enfin est éclairci ;
Il étoit innocent, et je puis l'être aussi ;
Il vous aima toujours, et ne fut mauvais père
Que charmé par la sœur ou forcé par le frère ;
Et dans cette embuscade où son effort fut vain
Rodogune, mes fils, le tua par ma main.
Ainsi de cet amour la fatale puissance
Vous coûte votre père, à moi mon innocence ;
Et si ma main pour vous n'avoit tout attenté,

L'effet de cet amour vous auroit tout coûté.
Ainsi vous me rendrez l'innocence et l'estime
Lorsque vous punirez la cause de mon crime.
De cette même main qui vous a tout sauvé,
Dans son sang odieux je l'aurois bien lavé ;
Mais comme vous aviez votre part aux offenses,
Je vous ai réservé votre part aux vengeances ;
Et, pour ne tenir plus en suspens vos esprits,
Si vous voulez régner le trône est à ce prix.
Entre deux fils que j'aime avec même tendresse
Embrasser ma querelle est le seul droit d'aînesse ;
La mort de Rodogune en nommera l'aîné.
Quoi ! vous montrez tous deux un visage étonné !
Redoutez-vous son frère ? après la paix infâme
Que même en la jurant je détestois dans l'ame,
J'ai fait lever des gens par des ordres secrets,
Qu'à vous suivre en tous lieux vous trouverez tout prêts ;
Et, tandis qu'il fait tête aux princes d'Arménie,
Nous pouvons sans péril briser sa tyrannie.
Qui vous fait donc pâlir à cette juste loi ?
Est-ce pitié pour elle ? est-ce haine pour moi ?
Voulez-vous l'épouser afin qu'elle me brave,
Et mettre mon destin aux mains de mon esclave ?...
Vous ne répondez point ! Allez, enfans ingrats,
Pour qui je crus en vain conserver ces états :
J'ai fait votre oncle roi, j'en ferai bien un autre ;
Et mon nom peut encore ici plus que le vôtre.

SÉLEUCUS.

Mais, madame, voyez que pour premier exploit...

CLÉOPATRE.

Mais que chacun de vous pense à ce qu'il me doit.
Je sais bien que le sang qu'à vos mains je demande
N'est pas le digne essai d'une valeur bien grande ;
Mais si vous me devez et le sceptre et le jour,

Ce doit être envers moi le sceau de votre amour:
Sans ce gage ma haine à jamais s'en défie;
Ce n'est qu'en m'imitant que l'on me justifie.
Rien ne vous sert ici de faire les surpris;
Je vous le dis encor, le trône est à ce prix;
Je puis en disposer comme de ma conquête:
Point d'aîné, point de roi qu'en m'apportant sa tête;
Et, puisque mon seul choix vous y peut élever,
Pour jouir de mon crime il le faut achever.

## SCÈNE IV.

### SÉLEUCUS, ANTIOCHUS.

SÉLEUCUS.

Est-il une constance à l'épreuve du foudre
Dont ce cruel arrêt met notre espoir en poudre?

ANTIOCHUS.

Est-il un coup de foudre à comparer aux coups
Que ce cruel arrêt vient de lancer sur nous?

SÉLEUCUS.

O haines, ô fureurs dignes d'une Mégère!
O femme que je n'ose appeler encor mère!
Après que tes forfaits ont régné pleinement
Ne saurois-tu souffrir qu'on règne innocemment?
Quels attraits penses-tu qu'ait pour nous la couronne
S'il faut qu'un crime égal par ta main nous la donne?
Et de quelles horreurs nous doit-elle combler
Si pour monter au trône il faut te ressembler!

ANTIOCHUS.

Gardons plus de respect aux droits de la nature,
Et n'imputons qu'au sort notre triste aventure.
Nous le nommions cruel, mais il nous étoit doux
Quand il ne nous donnoit à combattre que nous.

Confidens tout ensemble et rivaux l'un de l'autre,
Nous ne concevions point de mal pareil au nôtre;
Cependant, à nous voir l'un de l'autre rivaux,
Nous ne concevions pas la moitié de nos maux.

SÉLEUCUS.

Une douleur si sage et si respectueuse
Ou n'est guère sensible, ou guère impétueuse;
Et c'est en de tels maux avoir l'esprit bien fort
D'en connoître la cause, et l'imputer au sort.
Pour moi, je sens les miens avec plus de foiblesse;
Plus leur cause m'est chère, et plus l'effet m'en blesse.
Non que pour m'en venger j'ose entreprendre rien;
Je donnerois encor tout mon sang pour le sien;
Je sais ce que je dois : mais dans cette contrainte
Si je retiens mon bras je laisse aller ma plainte;
Et j'estime qu'au point qu'elle nous a blessés
Qui ne fait que s'en plaindre a du respect assez.
Voyez-vous bien quel est le ministère infâme
Qu'ose exiger de nous la haine d'une femme?
Voyez-vous qu'aspirant à des crimes nouveaux
De deux princes ses fils elle fait ses bourreaux?
Si vous pouvez le voir pouvez-vous vous en taire?

ANTIOCHUS.

Je vois bien plus encor, je vois qu'elle est ma mère;
Et plus je vois son crime indigne de ce rang,
Plus je lui vois souiller la source de mon sang.
J'en sens de ma douleur croître la violence;
Mais ma confusion m'impose le silence
Lorsque dans ses forfaits sur nos fronts imprimés
Je vois les traits honteux dont nous sommes formés.
Je tâche à cet objet d'être aveugle ou stupide;
J'ose me déguiser jusqu'à son parricide;
Je me cache à moi-même un excès de malheur

ACTE II, SCÈNE IV.

Où notre ignominie égale ma douleur ;
Et, détournant les yeux d'une mère cruelle,
J'impute tout au sort qui m'a fait naître d'elle.
Je conserve pourtant encore un peu d'espoir ;
Elle est mère, et le sang a beaucoup de pouvoir ;
Et, le sort l'eût-il faite encor plus inhumaine,
Une larme d'un fils peut amollir sa haine.

SÉLEUCUS.

Ah ! mon frère, l'amour n'est guère véhément
Pour des fils élevés dans un bannissement,
Et qu'ayant fait nourrir presque dans l'esclavage
Elle n'a rappelés que pour servir sa rage.
De ses pleurs tant vantés je découvre le fard :
Nous avons en son cœur vous et moi peu de part.
Elle fait bien sonner ce grand amour de mère ;
Mais elle seule enfin s'aime et se considère ;
Et, quoi que nous étale un langage si doux,
Elle a tout fait pour elle, et n'a rien fait pour nous.
Ce n'est qu'un faux amour que la haine domine :
Nous ayant embrassés, elle nous assassine,
En veut au cher objet dont nous sommes épris,
Nous demande son sang, met le trône à ce prix.
Ce n'est plus de sa main qu'il nous le faut attendre ;
Il est, il est à nous si nous osons le prendre :
Notre révolte ici n'a rien que d'innocent ;
Il est à l'un de nous si l'autre le consent.
Régnons, et son courroux ne sera que foiblesse ;
C'est l'unique moyen de sauver la princesse :
Allons la voir, mon frère, et demeurons unis ;
C'est l'unique moyen de voir nos maux finis.
Je forme un beau dessein que son amour m'inspire ;
Mais il faut qu'avec lui notre union conspire :
Notre amour, aujourd'hui si digne de pitié,

Ne sauroit triompher que par notre amitié.

ANTIOCHUS.

Cet avertissement marque une défiance
Que la mienne pour vous souffre avec patience.
Allons, et soyez sûr que même le trépas
Ne peut rompre des nœuds que l'amour ne rompt pas.

# ACTE TROISIÈME.

## SCÈNE I.
### RODOGUNE, ORONTE, LAONICE.

RODOGUNE.

Voilà comme l'amour succède à la colère,
Comme elle ne me voit qu'avec des yeux de mère,
Comme elle aime la paix, comme elle fait un roi,
Et comme elle use enfin de ses fils et de moi !
Et tantôt mes soupçons lui faisoient une offense !
Elle n'avoit rien fait qu'en sa juste défense !
Lorsque tu la trompois elle fermoit les yeux !
Ah ! que ma défiance en jugeoit beaucoup mieux !
Tu le vois, Laonice.

LAONICE.

Et vous voyez, madame,
Quelle fidélité vous conserve mon ame;
Et qu'ayant reconnu sa haine et mon erreur,
Le cœur gros de soupirs, et frémissant d'horreur,
Je romps une foi due aux secrets de ma reine,
Et vous viens découvrir mon erreur et sa haine.

RODOGUNE.

Cet avis salutaire est l'unique secours
A qui je crois devoir le reste de mes jours.
Mais ce n'est pas assez de m'avoir avertie ;
Il faut de ces périls m'aplanir la sortie ;
Il faut que tes conseils m'aident à repousser...

LAONICE.

Madame, au nom des dieux, veuillez m'en dispenser;

C'est assez que pour vous je lui sois infidèle
Sans m'engager encore à des conseils contre elle.
Oronte est avec vous, qui comme ambassadeur
Devoit de cet hymen honorer la splendeur ;
Comme c'est en ses mains que le roi votre frère
A déposé le soin d'une tête si chère,
Je vous laisse avec lui pour en délibérer.
Quoi que vous résolviez, laissez-moi l'ignorer.
Au reste assurez-vous de l'amour des deux princes;
Plutôt que de vous perdre ils perdront leurs provinces;
Mais je ne réponds pas que ce cœur inhumain
Ne veuille à leur refus s'armer d'une autre main.
Je vous parle en tremblant ; si j'étois ici vue
Votre péril croîtroit, et je serois perdue.
Fuyez, grande princesse, et souffrez cet adieu.
### RODOGUNE.
Va, je reconnoîtrai ce service en son lieu.

## SCÈNE II.
### RODOGUNE, ORONTE.

#### RODOGUNE.
Que ferons-nous, Oronte, en ce péril extrême,
Où l'on fait de mon sang le prix d'un diadème ?
Fuirons-nous chez mon frère? attendrons-nous la mort,
Ou ferons-nous contre elle un généreux effort ?
#### ORONTE.
Notre fuite, madame, est assez difficile.
J'ai vu des gens de guerre épandus par la ville.
Si l'on veut votre perte on vous fait observer;
Ou, s'il vous est permis encor de vous sauver,
L'avis de Laonice est sans doute une adresse :
Feignant de vous servir elle sert sa maîtresse.
La reine, qui surtout craint de vous voir régner,

Vous donne ces terreurs pour vous faire éloigner ;
Et pour rompre un hymen qu'avec peine elle endure
Elle en veut à vous-même imputer la rupture.
Elle obtiendra par vous le but de ses souhaits,
Et vous accusera de violer la paix ;
Et le roi, plus piqué contre vous que contre elle,
Vous voyant lui porter une guerre nouvelle,
Blâmera vos frayeurs et nos légéretés
D'avoir osé douter de la foi des traités,
Et, peut-être pressé des guerres d'Arménie,
Vous laissera moquée et la reine impunie.
A ces honteux moyens gardez de recourir.
C'est ici qu'il vous faut ou régner ou périr.
Le ciel pour vous ailleurs n'a point fait de couronne,
Et l'on s'en rend indigne alors qu'on l'abandonne.

RODOGUNE.

Ah ! que de vos conseils j'aimerois la vigueur
Si nous avions la force égale à ce grand cœur !
Mais pourrons-nous braver une reine en colère
Avec ce peu de gens que m'a laissés mon frère ?

ORONTE.

J'aurois perdu l'esprit si j'osois me vanter
Qu'avec ce peu de gens nous puissions résister.
Nous mourrons à vos pieds, c'est toute l'assistance
Que vous peut en ces lieux offrir notre impuissance.
Mais pouvez-vous trembler quand dans ces mêmes lieux
Vous portez le grand maître et des rois et des dieux ?
L'amour fera lui seul tout ce qu'il vous faut faire.
Faites-vous un rempart des fils contre la mère :
Ménagez-bien leur flamme, ils vaudront tout pour vous ;
Et ces astres naissans sont adorés de tous.
Quoi que puisse en ces lieux une reine cruelle,
Pouvant tout sur ses fils, vous y pouvez plus qu'elle.
Cependant trouvez bon qu'en ces extrémités

Je tâche à rassembler nos Parthes écartés ;
Ils sont peu, mais vaillans, et peuvent de sa rage
Empêcher la surprise et le premier outrage.
Craignez moins ; et surtout, madame, en ce grand jour
Si vous voulez régner faites régner l'amour.

## SCÈNE III.

### RODOGUNE.

Quoi ! je pourrois descendre à ce lâche artifice
D'aller de mes amans mendier le service,
Et, sous l'indigne appât d'un coup d'œil affété,
J'irois jusqu'en leurs cœurs chercher ma sûreté !
Celles de ma naissance ont horreur des bassesses ;
Leur sang tout généreux hait ces molles adresses.
Quel que soit le secours qu'ils me puissent offrir,
Je croirai faire assez de le daigner souffrir.
Je verrai leur amour, j'éprouverai sa force
Sans flatter leurs désirs, sans leur jeter d'amorce ;
Et, s'il est assez fort pour me servir d'appui,
Je le ferai régner, mais en régnant sur lui.
Sentimens étouffés de colère et de haine,
Rallumez vos flambeaux à celles de la reine,
Et d'un oubli contraint rompez la dure loi,
Pour rendre enfin justice aux mânes d'un grand roi ;
Rapportez à mes yeux son image sanglante,
D'amour et de fureur encore étincelante,
Telle que je le vis quand tout percé de coups
Il me cria : Vengeance ! Adieu, je meurs pour vous !
Chère ombre, hélas ! bien loin de l'avoir poursuivie,
J'allois baiser la main qui t'arracha la vie,
Rendre un respect de fille à qui versa ton sang...
Mais pardonne aux devoirs que m'impose mon rang.
Plus la haute naissance approche des couronnes,

Plus cette grandeur même asservit nos personnes ;
Nous n'avons point de cœur pour aimer ni haïr :
Toutes nos passions ne savent qu'obéir.
Après avoir armé pour venger cet outrage,
D'une paix mal conçue on m'a faite le gage ;
Et moi, fermant les yeux sur ce noir attentat,
Je suivois mon destin en victime d'état.
Mais aujourd'hui qu'on voit cette main parricide,
Des restes de ta vie insolemment avide,
Vouloir encor percer ce sein infortuné
Pour y chercher le cœur que tu m'avois donné,
De la paix qu'elle rompt je ne suis plus le gage ;
Je brise avec honneur mon illustre esclavage ;
J'ose reprendre un cœur pour aimer et haïr,
Et ce n'est plus qu'à toi que je veux obéir.
Le consentiras-tu cet effort sur ma flamme,
Toi, son vivant portrait, que j'adore dans l'ame,
Cher prince, dont je n'ose en mes plus doux souhaits
Fier encor le nom aux murs de ce palais ?
Je sais quelles seront tes douleurs et tes craintes ;
Je vois déjà tes maux, j'entends déjà tes plaintes :
Mais pardonne aux devoirs qu'exige enfin un roi
A qui tu dois le jour qu'il a perdu pour moi.
J'aurai mêmes douleurs, j'aurai mêmes alarmes ;
S'il t'en coûte un soupir, j'en verserai des larmes.
Mais, dieux ! que je me trouble en les voyant tous deux !
Amour, qui me confonds, cache du moins tes feux ;
Et content de mon cœur, dont je te fais le maître,
Dans mes regards surpris garde-toi de paroître.

## SCÈNE IV.

### ANTIOCHUS, SÉLEUCUS, RODOGUNE.

ANTIOCHUS.

Ne vous offensez pas, princesse, de nous voir
De vos yeux à vous-même expliquer le pouvoir.
Ce n'est pas d'aujourd'hui que nos cœurs en soupirent;
A vos premiers regards tous deux ils se rendirent :
Mais un profond respect nous fit taire et brûler;
Et ce même respect nous force de parler.
L'heureux moment approche où votre destinée
Semble être aucunement à la nôtre enchaînée,
Puisque d'un droit d'aînesse incertain parmi nous
La nôtre attend un sceptre, et la vôtre un époux.
C'est trop d'indignité que notre souveraine
De l'un de ses captifs tienne le nom de reine;
Notre amour s'en offense, et, changeant cette loi,
Remet à notre reine à nous choisir un roi.
Ne vous abaissez plus à suivre la couronne :
Donnez-la sans souffrir qu'avec elle on vous donne;
Réglez notre destin qu'ont mal réglé les dieux;
Notre seul droit d'aînesse est de plaire à vos yeux.
L'ardeur qu'anime en nous une flamme si pure
Préfère votre choix au choix de la nature,
Et vient sacrifier à votre élection
Toute notre espérance et notre ambition.
Prononcez donc, madame, et faites un monarque;
Nous céderons sans honte à cette illustre marque;
Et celui qui perdra votre divin objet
Demeurera du moins votre premier sujet :
Son amour immortel saura toujours lui dire
Que ce rang près de vous vaut ailleurs un empire;
Il y mettra sa gloire, et dans un tel malheur

L'heur de vous obéir flattera sa douleur.
### RODOGUNE.
Princes, je dois beaucoup à cette déférence
De votre ambition et de votre espérance ;
Et j'en recevrois l'offre avec quelque plaisir
Si celles de mon rang avoient droit de choisir.
Comme sans leurs avis les rois disposent d'elles
Pour affermir leur trône ou finir leurs querelles,
Le destin des états est arbitre du leur,
Et l'ordre des traités règle tout dans leur cœur.
C'est lui qui suit le mien, et non pas la couronne :
J'aimerai l'un de vous parcequ'il me l'ordonne ;
Du secret révélé j'en prendrai le pouvoir,
Et mon amour pour naître attendra mon devoir.
N'attendez rien de plus, ou votre attente est vaine.
Le choix que vous m'offrez appartient à la reine :
J'entreprendrois sur elle à l'accepter de vous.
Peut-être on vous a tu jusqu'où va son courroux ;
Mais je dois par épreuve assez bien le connoître
Pour fuir l'occasion de le faire renaître.
Que n'en ai-je souffert, et que n'a-t-elle osé !
Je veux croire avec vous que tout est apaisé ;
Mais craignez avec moi que ce choix ne ranime
Cette haine mourante à quelque nouveau crime :
Pardonnez-moi ce mot qui viole un oubli
Que la paix entre nous doit avoir établi.
Le feu qui semble éteint souvent dort sous la cendre ;
Qui l'ose réveiller peut s'en laisser surprendre ;
Et je mériterois qu'il me pût consumer
Si je lui fournissois de quoi se rallumer.
### SÉLEUCUS.
Pouvez-vous redouter sa haine renaissante
S'il est en votre main de la rendre impuissante ?
Faites un roi, madame, et régnez avec lui ;

Son courroux désarmé demeure sans appui,
Et toutes ses fureurs sans effet rallumées
Ne pousseront en l'air que de vaines fumées.
Mais a-t-elle intérêt au choix que vous ferez
Pour en craindre les maux que vous vous figurez ?
La couronne est à nous ; et sans lui faire injure,
Sans manquer de respect aux droits de la nature,
Chacun de nous à l'autre en peut céder sa part,
Et rendre à votre choix ce qu'il doit au hasard.
Qu'un si foible scrupule en notre faveur cesse ;
Votre inclination vaut bien un droit d'aînesse,
Dont vous seriez traitée avec trop de rigueur
S'il se trouvoit contraire aux vœux de votre cœur.
On vous applaudiroit quand vous seriez à plaindre ;
Pour vous faire régner ce seroit vous contraindre,
Vous donner la couronne en vous tyrannisant,
Et verser du poison sur ce noble présent.
Au nom de ce beau feu qui tous deux nous consume,
Princesse, à notre espoir ôtez cette amertume,
Et permettez que l'heur qui suivra votre époux
Se puisse redoubler à le tenir de vous.

RODOGUNE.

Ce beau feu vous aveugle autant comme il vous brûle ;
Et, tâchant d'avancer, son effort vous recule.
Vous croyez que ce choix que l'un et l'autre attend
Pourra faire un heureux sans faire un mécontent ;
Et moi, quelque vertu que votre cœur prépare,
Je crains d'en faire deux si le mien se déclare.
Non que de l'un et l'autre il dédaigne les vœux ;
Je tiendrois à bonheur d'être à l'un de vous deux :
Mais souffrez que je suive enfin ce qu'on m'ordonne :
Je me mettrai trop haut s'il faut que je me donne ;
Quoique aisément je cède aux ordres de mon roi,
Il n'est pas bien aisé de m'obtenir de moi.
Savez-vous quels devoirs, quels travaux, quels services

Voudront de mon orgueil exiger les caprices,
Par quels degrés de gloire on me peut mériter,
En quels affreux périls il faudra vous jeter?
Ce cœur vous est acquis après le diadème,
Princes ; mais gardez-vous de le rendre à lui-même.
Vous y renoncerez peut-être pour jamais
Quand je vous aurai dit à quel prix je le mets.

SÉLEUCUS.

Quels seront les devoirs, quels travaux, quels services
Dont nous ne vous fassions d'amoureux sacrifices?
Et quels affreux périls pourrons-nous redouter
Si c'est par ces degrés qu'on peut vous mériter?

ANTIOCHUS.

Princesse, ouvrez ce cœur, et jugez mieux du nôtre;
Jugez mieux du beau feu qui brûle l'un et l'autre;
Et dites hautement à quel prix votre choix
Veut faire l'un de nous le plus heureux des rois.

RODOGUNE.

Princes, le voulez-vous?

ANTIOCHUS.

    C'est notre unique envie.

RODOGUNE.

Je verrai cette ardeur d'un repentir suivie.

SÉLEUCUS.

Avant ce repentir tous deux nous périrons.

RODOGUNE.

Enfin vous le voulez?

SÉLEUCUS.

   Nous vous en conjurons.

RODOGUNE.

Eh bien donc, il est temps de me faire connoître.
J'obéis à mon roi, puisqu'un de vous doit l'être;
Mais quand j'aurai parlé, si vous vous en plaignez,

J'atteste tous les dieux que vous m'y contraignez,
Et que c'est malgré moi qu'à moi-même rendue
J'écoute une chaleur qui m'étoit défendue,
Qu'un devoir rappelé me rend un souvenir
Que la foi des traités ne doit plus retenir.
Tremblez, princes, tremblez au nom de votre père;
Il est mort, et pour moi, par les mains d'une mère :
Je l'avois oublié, sujette à d'autres lois ;
Mais libre je lui rends enfin ce que je dois.
C'est à vous de choisir mon amour ou ma haine.
J'aime les fils du roi, je hais ceux de la reine :
Réglez-vous là-dessus, et sans plus me presser
Voyez auquel des deux vous voulez renoncer.
Il faut prendre parti ; mon choix suivra le vôtre;
Je respecte autant l'un que je déteste l'autre.
Mais ce que j'aime en vous du sang de ce grand roi
S'il n'est digne de lui n'est pas digne de moi.
Ce sang que vous portez, ce trône qu'il vous laisse
Valent bien que pour lui votre cœur s'intéresse.
Votre gloire le veut, l'amour vous le prescrit;
Qui peut contre elle et lui soulever votre esprit?
Si vous leur préférez une mère cruelle,
Soyez cruels, ingrats, parricides comme elle.
Vous devez la punir si vous la condamnez ;
Vous devez l'imiter si vous la soutenez...
Quoi! cette ardeur s'éteint! l'un et l'autre soupire!
J'avois su le prévoir, j'avois su le prédire...

ANTIOCHUS.

Princesse...

RODOGUNE.

Il n'est plus temps, le mot en est lâché :
Quand j'ai voulu me taire en vain je l'ai tâché.
Appelez ce devoir haine, rigueur, colère ;
Pour gagner Rodogune il faut venger un père ;

Je me donne à ce prix; osez me mériter :
Et voyez qui de vous daignera m'accepter.
Adieu, princes.

## SCÈNE V.

### ANTIOCHUS, SÉLEUCUS.

ANTIOCHUS.

Hélas ! c'est donc ainsi qu'on traite
Les plus profonds respects d'une amour si parfaite

SÉLEUCUS.

Elle nous fuit, mon frère, après cette rigueur.

ANTIOCHUS.

Elle fuit, mais en Parthe, en nous perçant le cœur.

SÉLEUCUS.

Que le ciel est injuste ! Une ame si cruelle
Méritoit notre mère et devoit naître d'elle.

ANTIOCHUS.

Plaignons-nous sans blasphème.

SÉLEUCUS.

Ah ! que vous me gênez
Par cette retenue où vous vous obstinez !
Faut-il encor régner ? faut-il l'aimer encore ?

ANTIOCHUS.

Il faut plus de respect pour celle qu'on adore.

SÉLEUCUS.

C'est ou d'elle ou du trône être ardemment épris
Que vouloir ou l'aimer ou régner à ce prix.

ANTIOCHUS.

C'est et d'elle et de lui tenir bien peu de compte
Que faire une révolte et si pleine et si prompte.

SÉLEUCUS.

Lorsque l'obéissance a tant d'impiété

La révolte devient une nécessité.

ANTIOCHUS.

La révolte, mon frère, est bien précipitée
Quand la loi qu'elle rompt peut être rétractée ;
Et c'est à nos désirs trop de témérité
De vouloir de tels biens avec facilité.
Le ciel par les travaux veut qu'on monte à la gloire :
Pour gagner un triomphe il faut une victoire.
Mais que je tâche en vain de flatter nos tourmens !
Nos malheurs sont plus forts que ces déguisemens.
Leur excès à mes yeux paroît un noir abîme
Où la haine s'apprête à couronner le crime;
Où la gloire est sans nom, la vertu sans honneur,
Où sans un parricide il n'est point de bonheur !
Et, voyant de ces maux l'épouvantable image,
Je me sens affoiblir quand je vous encourage ;
Je frémis, je chancelle ; et mon cœur abattu
Suit tantôt sa douleur et tantôt sa vertu.
Mon frère, pardonnez à des discours sans suite,
Qui font trop voir le trouble où mon ame est réduite.

SÉLEUCUS.

J'en ferois comme vous si mon esprit troublé
Ne secouoit le joug dont il est accablé :
Dans mon ambition, dans l'ardeur de ma flamme
Je vois ce qu'est un trône et ce qu'est une femme;
Et, jugeant par leur prix de leur possession,
J'éteins enfin ma flamme et mon ambition ;
Et je vous céderois l'un et l'autre avec joie
Si, dans la liberté que le ciel me renvoie,
La crainte de vous faire un funeste présent
Ne me jetoit dans l'ame un remords trop cuisant.
Dérobons-nous, mon frère, à ces ames cruelles,
Et laissons-les sans nous achever leurs querelles.

## ACTE III, SCÈNE VI.

#### ANTIOCHUS.

Comme j'aime beaucoup j'espère encore un peu.
L'espoir ne peut s'éteindre où brûle tant de feu ;
Et son reste confus me rend quelques lumières
Pour juger mieux que vous de ces ames si fières.
Croyez-moi, l'une et l'autre a redouté nos pleurs :
Leur fuite à nos soupirs a dérobé leurs cœurs ;
Et, si tantôt leur haine eût attendu nos larmes,
Leur haine à nos douleurs auroit rendu les armes.

#### SÉLEUCUS.

Pleurez donc à leurs yeux, gémissez, soupirez,
Et je craindrai pour vous ce que vous espérez :
Quoi qu'en votre faveur vos pleurs obtiennent d'elles,
Il vous faudra parer leurs haines mutuelles,
Sauver l'une de l'autre ; et peut-être leurs coups,
Vous trouvant au milieu, ne perceront que vous.
C'est ce qu'il faut pleurer : ni maîtresse ni mère
N'ont plus de choix ici ni de lois à nous faire ;
Quoi que leur rage exige ou de vous ou de moi,
Rodogune est à vous, puisque je vous fais roi.
Epargnez vos soupirs près de l'une et de l'autre.
J'ai trouvé mon bonheur, saisissez-vous du vôtre :
Je n'en suis point jaloux ; et ma triste amitié
Ne le verra jamais que d'un œil de pitié.

## SCÈNE VI.

#### ANTIOCHUS.

Que je serois heureux si je n'aimois un frère !
Lorsqu'il ne veut pas voir le mal qu'il se veut faire
Mon amitié s'oppose à son aveuglement :
Elle agira pour vous, mon frère, également,
Et n'abusera point de cette violence
Que l'indignation fait à votre espérance.

La pesanteur du coup souvent nous étourdit :
On le croit repoussé quand il s'approfondit ;
Et, quoi qu'un juste orgueil sur l'heure persuade,
Qui ne sent point son mal est d'autant plus malade;
Ces ombres de santé cachent mille poisons,
Et la mort suit de près ces fausses guérisons.
Daignent les justes dieux rendre vain ce présage !
Cependant allons voir si nous vaincrons l'orage,
Et si contre l'effort d'un si puissant courroux
La nature et l'amour voudront parler pour nous.

# ACTE QUATRIÈME.

## SCÈNE I.

### ANTIOCHUS, RODOGUNE.

RODOGUNE.
Prince, qu'ai-je entendu ? parceque je soupire
Vous présumez que j'aime ! et vous m'osez le dire !
Est-ce un frère, est-ce vous dont la témérité
S'imagine...

ANTIOCHUS.
 Apaisez ce courage irrité,
Princesse ; aucun de nous ne seroit téméraire
Jusqu'à s'imaginer qu'il eût l'heur de vous plaire :
Je vois votre mérite et le peu que je vaux,
Et ce rival si cher connoît mieux ses défauts.
Mais si tantôt ce cœur parloit par votre bouche,
Il veut que nous croyions qu'un peu d'amour le touche
Et qu'il daigne écouter quelques-uns de nos vœux,
Puisqu'il tient à bonheur d'être à l'un de nous deux.
Si c'est présomption de croire ce miracle,
C'est une impiété de douter de l'oracle,
Et mériter les maux où vous nous condamnez
Qu'éteindre un bel espoir que vous nous ordonnez.
Princesse, au nom des dieux, au nom de cette flamme...

RODOGUNE.
Un mot ne fait pas voir jusques au fond d'une ame ;
Et votre espoir trop prompt prend trop de vanité
Des termes obligeans de ma civilité.

Je l'ai dit, il est vrai ; mais, quoi qu'il en puisse être,
Méritez cet amour que vous voulez connoître :
Lorsque j'ai soupiré ce n'étoit pas pour vous ;
J'ai donné ces soupirs aux mânes d'un époux ;
Et ce sont les effets du souvenir fidèle
Que sa mort à toute heure en mon ame rappelle.
Princes, soyez ses fils, et prenez son parti.

ANTIOCHUS.

Recevez donc son cœur en nous deux réparti ;
Ce cœur, qu'un saint amour rangea sous votre empire,
Ce cœur, pour qui le vôtre à tout moment soupire,
Ce cœur, en vous aimant indignement percé,
Reprend pour vous aimer le sang qu'il a versé ;
Il le reprend en nous, il revit, il vous aime,
Et montre en vous aimant qu'il est encor le même.
Ah ! princesse, en l'état où le sort nous a mis,
Pouvons-nous mieux montrer que nous sommes ses fils ?

RODOGUNE.

Si c'est son cœur en vous qui revit et qui m'aime,
Faites ce qu'il feroit s'il vivoit en lui-même ;
A ce cœur qu'il vous laisse osez prêter un bras ;
Pouvez-vous le porter, et ne l'écouter pas ?
S'il vous explique mal ce qu'il en doit attendre,
Il emprunte ma voix pour se mieux faire entendre.
Une seconde fois il vous le dit par moi ;
Prince, il faut le venger.

ANTIOCHUS.

        J'accepte cette loi.
Nommez les assassins, et j'y cours.

RODOGUNE.

        Quel mystère
Vous fait, en l'acceptant, méconnoître une mère ?

ANTIOCHUS.

Ah ! si vous ne voulez voir finir nos destins,

Nommez d'autres vengeurs ou d'autres assassins.

RODOGUNE.

Ah! je vois trop régner son parti dans votre ame;
Prince, vous le prenez?

ANTIOCHUS.

Oui, je le prends, madame;
Et j'apporte à vos pieds le plus pur de son sang,
Que la nature enferme en ce malheureux flanc.
Satisfaites vous-même à cette voix secrète
Dont la vôtre envers nous daigne être l'interprète :
Exécutez son ordre; et hâtez-vous sur moi
De punir une reine, et de venger un roi.
Mais, quitte par ma mort d'un devoir si sévère,
Ecoutez-en un autre en faveur de mon frère.
De deux princes unis à soupirer pour vous
Prenez l'un pour victime, et l'autre pour époux ;
Punissez un des fils des crimes de la mère,
Mais payez l'autre aussi des services du père,
Et laissez un exemple à la postérité
Et de rigueur entière et d'entière équité.
Quoi! n'écouterez-vous ni l'amour ni la haine?
Ne pourrai-je obtenir ni salaire ni peine?
Ce cœur qui vous adore, et que vous dédaignez...

RODOGUNE.

Hélas! prince!

ANTIOCHUS.

Est-ce encor le roi que vous plaignez?
Ce soupir ne va-t-il que vers l'ombre d'un père?

RODOGUNE.

Allez, ou pour le moins rappelez votre frère.
Le combat pour mon ame étoit moins dangereux
Lorsque je vous avois à combattre tous deux :
Vous êtes plus fort seul que vous n'étiez ensemble ;
Je vous bravois tantôt, et maintenant je tremble.

J'aime ; n'abusez pas, prince, de mon secret :
Au milieu de ma haine il m'échappe à regret ;
Mais enfin il m'échappe, et cette retenue
Ne peut plus soutenir l'effort de votre vue.
Oui, j'aime un de vous deux malgré ce grand courroux,
Et ce dernier soupir dit assez que c'est vous.
Un rigoureux devoir à cet amour s'oppose :
Ne m'en accusez point, vous en êtes la cause ;
Vous l'avez fait renaître en me pressant d'un choix
Qui rompt de vos traités les favorables lois.
D'un père mort pour moi voyez le sort étrange :
Si vous me laissez libre il faut que je le venge ;
Et mes feux dans mon ame ont beau s'en mutiner,
Ce n'est qu'à ce prix seul que je puis me donner.
Mais ce n'est pas de vous qu'il faut que je l'attende ;
Votre refus est juste autant que ma demande.
A force de respect votre amour s'est trahi :
Je voudrois vous haïr s'il m'avoit obéi ;
Et je n'estime pas l'honneur d'une vengeance
Jusqu'à vouloir d'un crime être la récompense.
Rentrons donc sous les lois que m'impose la paix,
Puisque m'en affranchir c'est vous perdre à jamais.
Prince, en votre faveur je ne puis davantage :
L'orgueil de ma naissance enfle encor mon courage ;
Et, quelque grand pouvoir que l'amour ait sur moi,
Je n'oublierai jamais que je me dois un roi.
Oui, malgré mon amour, j'attendrai d'une mère
Que le trône me donne ou vous ou votre frère.
Attendant son secret vous aurez mes désirs ;
Et s'il le fait régner vous aurez mes soupirs :
C'est tout ce qu'à mes feux ma gloire peut permettre,
Et tout ce qu'à vos feux les miens osent promettre.

ANTIOCHUS.

Que voudrois-je de plus ? Son bonheur est le mien ;

Rendez heureux ce frère, et je ne perdrai rien.
L'amitié le consent si l'amour l'appréhende :
Je bénirai le ciel d'une perte si grande ;
Et, quittant les douceurs de cet espoir flottant,
Je mourrai de douleur, mais je mourrai content.

RODOGUNE.

Et moi, si mon destin entre ses mains me livre,
Pour un autre que vous s'il m'ordonne de vivre,
Mon amour... Mais, adieu, mon esprit se confond.
Prince, si votre flamme à la mienne répond,
Si vous n'êtes ingrat à ce cœur qui vous aime,
Ne me revoyez point qu'avec le diadème.

## SCÈNE II.

### ANTIOCHUS.

Les plus doux de mes vœux sont enfin exaucés.
Tu viens de vaincre, amour ; mais ce n'est pas assez :
Si tu veux triompher en cette conjoncture,
Après avoir vaincu fais vaincre la nature ;
Et prête-lui pour nous ces tendres sentimens
Que ton ardeur inspire aux cœurs des vrais amans,
Cette pitié qui force et ces dignes foiblesses
Dont la vigueur détruit les fureurs vengeresses.
Voici la reine. Amour, nature, justes dieux,
Faites-la-moi fléchir, ou mourir à ses yeux.

## SCÈNE III.

### CLÉOPATRE, ANTIOCHUS, LAONICE.

CLÉOPATRE.

Eh bien ! Antiochus, vous dois-je la couronne ?

ANTIOCHUS.
Madame, vous savez si le ciel me la donne.
CLÉOPATRE.
Vous savez mieux que moi si vous la méritez.
ANTIOCHUS.
Je sais que je péris si vous ne m'écoutez.
CLÉOPATRE.
Un peu trop lent peut-être à servir ma colère,
Vous vous êtes laissé prévenir par un frère :
Il a su me venger quand vous délibériez,
Et je dois à son bras ce que vous espériez.
Je vous en plains, mon fils, ce malheur est extrême ;
C'est périr en effet que perdre un diadème.
Je n'y sais qu'un remède, encore est-il fâcheux,
Etonnant, incertain et triste pour tous deux ;
Je périrai moi-même avant que de le dire :
Mais enfin on perd tout quand on perd un empire.
ANTIOCHUS.
Le remède à nos maux est tout en votre main,
Et n'a rien de fâcheux, d'étonnant, d'incertain :
Votre seule colère a fait notre infortune.
Nous perdons tout, madame, en perdant Rodogune :
Nous l'adorons tous deux ; jugez en quels tourmens
Nous jette la rigueur de vos commandemens.
L'aveu de cet amour sans doute vous offense :
Mais enfin nos malheurs croissent par le silence ;
Et votre cœur qu'aveugle un peu d'inimitié,
S'il ignore nos maux n'en peut prendre pitié.
Au point où je les vois c'en est le seul remède.
CLÉOPATRE.
Quelle aveugle fureur vous-même vous possède ?
Avez-vous oublié que vous parlez à moi ?
Ou si vous présumez être déjà mon roi ?

ANTIOCHUS.

Je tâche avec respect à vous faire connaître
Les forces d'un amour que vous avez fait naître.

CLEOPATRE.

Moi ! j'aurois allumé cet insolent amour ?

ANTIOCHUS.

Et quel autre prétexte a fait notre retour ?
Nous avez-vous mandés qu'afin qu'un droit d'aînesse
Donnât à l'un de nous le trône et la princesse ?
Vous avez bien fait plus ; vous nous l'avez fait voir,
Et c'étoit par vos mains nous mettre en son pouvoir.
Qui de nous deux, madame, eût osé s'en défendre
Quand vous nous ordonniez à tous deux d'y prétendre ?
Si sa beauté dès lors n'eût allumé nos feux,
Le devoir auprès d'elle eût attaché nos vœux ;
Le désir de régner eût fait la même chose,
Et, dans l'ordre des lois que la paix nous impose,
Nous devions aspirer à sa possession
Par amour, par devoir ou par ambition.
Nous avons donc aimé, nous avons cru vous plaire :
Chacun de nous n'a craint que le bonheur d'un frère ;
Et cette crainte enfin cédant à l'amitié,
J'implore pour tous deux un moment de pitié.
Avons-nous dû prévoir cette haine cachée,
Que la foi des traités n'avoit point arrachée ?

CLEOPATRE.

Non ; mais vous avez dû garder le souvenir
Des hontes que pour vous j'avois su prévenir
Et de l'indigne état où votre Rodogune
Sans moi, sans mon courage eût mis votre fortune.
Je croyois que vos cœurs sensibles à ces coups
En sauroient conserver un généreux courroux ;
Et je la retenois avec ma douleur feinte
Afin que, grossissant sous un peu de contrainte,

Ce torrent de colère et de ressentiment
Fût plus impétueux en son débordement.
Je fais plus maintenant ; je presse, sollicite,
Je commande, menace, et rien ne vous irrite.
Le sceptre dont ma main vous doit récompenser
N'a point de quoi vous faire un moment balancer ;
Vous ne considérez ni lui ni mon injure ;
L'amour étouffe en vous la voix de la nature :
Et je pourrois aimer des fils dénaturés !

ANTIOCHUS.

La nature et l'amour ont leurs droits séparés ;
L'un n'ôte point à l'autre une ame qu'il possède.

CLÉOPATRE.

Non, non, où l'amour règne il faut que l'autre cède.

ANTIOCHUS.

Leurs charmes à nos cœurs sont également doux.
Nous périrons tous deux s'il faut périr pour vous ;
Mais aussi...

CLÉOPATRE.

Poursuivez, fils ingrat et rebelle.

ANTIOCHUS.

Nous périrons tous deux s'il faut périr pour elle.

CLÉOPATRE.

Périssez ! périssez ! votre rebellion
Mérite plus d'horreur que de compassion ;
Mes yeux sauront le voir sans verser une larme,
Sans regarder en vous que l'objet qui vous charme ;
Et je triompherai, voyant périr mes fils,
De ses adorateurs et de mes ennemis.

ANTIOCHUS.

Eh bien ! triomphez-en, que rien ne vous retienne.
Votre main tremble-t-elle ? y voulez-vous la mienne ?
Madame, commandez, je suis prêt d'obéir ;
Je percerai ce cœur qui vous ose trahir :

Heureux si par ma mort je puis vous satisfaire,
Et noyer dans mon sang toute votre colère !
Mais si la dureté de votre aversion
Nomme encor notre amour une rebellion,
Du moins souvenez-vous qu'elle n'a pris pour armes
Que de foibles soupirs et d'impuissantes larmes.

CLÉOPATRE.

Ah ! que n'a-t-elle pris et la flamme et le fer !
Que bien plus aisément j'en saurois triompher !
Vos larmes dans mon cœur ont trop d'intelligence ;
Elles ont presque éteint cette ardeur de vengeance :
Je ne puis refuser des soupirs à vos pleurs ;
Je sens que je suis mère auprès de vos douleurs.
C'en est fait, je me rends, et ma colère expire :
Rodogune est à vous aussi bien que l'empire ;
Rendez grâces aux dieux qui vous ont fait l'aîné :
Possédez-la, régnez.

ANTIOCHUS.

O moment fortuné !
O trop heureuse fin de l'excès de ma peine !
Je rends grâces aux dieux qui calment votre haine.
Madame, est-il possible ?

CLÉOPATRE.

En vain j'ai résisté :
La nature est trop forte, et mon cœur s'est dompté.
Je ne vous dis plus rien : vous aimez votre mère,
Et votre amour pour moi taira ce qu'il faut taire.

ANTIOCHUS.

Quoi ! je triomphe donc sur le point de périr !
La main qui me blessoit a daigné me guérir !

CLÉOPATRE.

Oui, je veux couronner une flamme si belle.
Allez à la princesse en porter la nouvelle ;
Son cœur comme le vôtre en deviendra charmé :
Vous n'aimeriez pas tant si vous n'étiez aimé.

ANTIOCHUS.

Heureux Antiochus! heureuse Rodogune!
Oui, madame, entre nous la joie en est commune.

CLÉOPATRE.

Allez donc; ce qu'ici vous perdez de momens
Sont autant de larcins à vos contentemens:
Et ce soir, destiné pour la cérémonie,
Fera voir pleinement si ma haine est finie.

ANTIOCHUS.

Et nous vous ferons voir tous nos désirs bornés
A vous donner en nous des sujets couronnés.

## SCÈNE IV.

### CLÉOPATRE, LAONICE.

LAONICE.

Enfin ce grand courage a vaincu sa colère.

CLÉOPATRE.

Que ne peut point un fils sur le cœur d'une mère!

LAONICE.

Vos pleurs coulent encore, et ce cœur adouci...

CLÉOPATRE.

Envoyez-moi son frère, et nous laissez ici:
Sa douleur sera grande, à ce que je présume;
Mais j'en saurai sur l'heure adoucir l'amertume.
Ne lui témoignez rien: il lui sera plus doux
D'apprendre tout de moi qu'il ne seroit de vous.

## SCÈNE V.

### CLÉOPATRE.

Que tu pénètres mal le fond de mon courage!
Si je verse des pleurs, ce sont des pleurs de rage;

Et ma haine, qu'en vain tu crois s'évanouir,
Ne les a fait couler qu'afin de t'éblouir.
Je ne veux plus que moi dedans ma confidence.
Et toi, crédule amant, que charme l'apparence,
Et dont l'esprit léger s'attache avidement
Aux attraits captieux de mon déguisement,
Va, triomphe en idée avec ta Rodogune,
Au sort des immortels préfère ta fortune :
Tandis que, mieux instruite en l'art de me venger,
En de nouveaux malheurs je saurai te plonger.
Ce n'est pas tout d'un coup que tant d'orgueil trébuche :
De qui se rend trop tôt on doit craindre une embûche ;
Et c'est mal démêler le cœur d'avec le front
Que prendre pour sincère un changement si prompt.
L'effet te fera voir comme je suis changée.

## SCÈNE VI.

### CLÉOPATRE, SELEUCUS.

CLÉOPATRE.

Savez-vous, Séleucus, que je me suis vengée ?

SÉLEUCUS.

Pauvre princesse, hélas !

CLÉOPATRE.

                Vous déplorez son sort !
Quoi ! l'aimiez-vous ?

SÉLEUCUS.

            Assez pour regretter sa mort.

CLÉOPATRE.

Vous lui pouvez servir encor d'amant fidèle :
Si j'ai su me venger ce n'a pas été d'elle.

SÉLEUCUS.

O ciel ! et de qui donc, madame ?

## CLÉOPATRE.

C'est de vous,
Ingrat, qui n'aspirez qu'à vous voir son époux;
De vous qui l'adorez en dépit d'une mère;
De vous qui dédaignez de servir ma colère,
De vous de qui l'amour rebelle à mes désirs
S'oppose à ma vengeance, et détruit mes plaisirs.

## SÉLEUCUS.

De moi?

## CLÉOPATRE.

De toi, perfide! Ignore, dissimule
Le mal que tu dois craindre et le feu qui te brûle;
Et si pour l'ignorer tu crois t'en garantir,
Du moins en l'apprenant commence à le sentir,
Le trône étoit à toi par le droit de naissance;
Rodogune avec lui tomboit en ta puissance,
Tu devois l'épouser, tu devois être roi:
Mais comme ce secret n'est connu que de moi,
Je puis comme je veux tourner le droit d'aînesse,
Et donne à ton rival ton sceptre et ta maîtresse.

## SELEUCUS.

A mon frère?

## CLÉOPATRE.

C'est lui que j'ai nommé l'aîné.

## SELEUCUS.

Vous ne m'affligez point de l'avoir couronné;
Et par une raison qui vous est inconnue
Mes propres sentimens vous avoient prévenue.
Les biens que vous m'ôtez n'ont point d'attraits si doux
Que mon cœur n'ait donnés à ce frère avant vous;
Et si vous bornez là toute votre vengeance
Vos désirs et les miens seront d'intelligence.

## CLÉOPATRE.

C'est ainsi qu'on déguise un violent dépit;
C'est ainsi qu'une feinte au dehors l'assoupit,

Et qu'on croit amuser de fausses patiences
Ceux dont en l'ame on craint les justes défiances.
### SÉLEUCUS.
Quoi! je conserverois quelque courroux secret!
### CLÉOPATRE.
Quoi! lâche! tu pourrois la perdre sans regret?
Elle de qui les dieux te donnoient l'hyménée!
Elle dont tu plaignois la perte imaginée!
### SÉLEUCUS.
Considérer sa perte avec compassion
Ce n'est pas aspirer à sa possession.
### CLÉOPATRE.
Que la mort la ravisse ou qu'un rival l'emporte,
La douleur d'un amant est également forte;
Et tel qui se console après l'instant fatal
Ne sauroit voir son bien aux mains de son rival :
Piqué jusques au vif, il tâche à le reprendre;
Il fait de l'insensible afin de mieux surprendre,
D'autant plus animé que ce qu'il a perdu
Par rang ou par mérite à sa flamme étoit dû.
### SÉLEUCUS.
Peut-être : mais enfin par quel amour de mère
Pressez-vous tellement ma douleur contre un frèr
Prenez-vous intérêt à la faire éclater?
### CLÉOPATRE.
J'en prends à la connoître, et la faire avorter;
J'en prends à conserver malgré toi mon ouvrage
Des jaloux attentats de ta secrète rage.
### SÉLEUCUS.
Je le veux croire ainsi : mais quel autre intérêt
Nous fait tous deux aînés quand et comme il vous plaît?
Qui des deux vous doit croire? et par quelle justice
Faut-il que sur moi seul tombe tout le supplice,
Et que du même amour dont nous sommes blessés

Il soit récompensé quand vous m'en punissez ?
CLÉOPATRE.
Comme reine, à mon choix, je fais justice ou grâce;
Et je m'étonne fort d'où vous vient cette audace,
D'où vient qu'un fils, vers moi noirci de trahison,
Ose de mes faveurs me demander raison.
SÉLEUCUS.
Vous pardonnerez donc ces chaleurs indiscrètes :
Je ne suis point jaloux du bien que vous lui faites;
Et je vois quel amour vous avez pour tous deux,
Plus que vous ne pensez, et plus que je ne veux.
Le respect me défend d'en dire davantage :
Je n'ai ni faute d'yeux ni faute de courage,
Madame ; mais enfin n'espérez voir en moi
Qu'amitié pour mon frère et zèle pour mon roi.
Adieu.

## SCÈNE VII.

### CLÉOPATRE.

De quel malheur suis-je encore capable?
Leur amour m'offensoit, leur amitié m'accable ;
Et contre mes fureurs je trouve en mes deux fils
Deux enfans révoltés et deux rivaux unis.
Quoi ! sans émotion perdre trône et maîtresse !
Quel est ici ton charme, odieuse princesse?
Et par quel privilége, allumant de tels feux,
Peux-tu n'en prendre qu'un, et m'ôter tous les deux?
N'espère pas pourtant triompher de ma haine :
Pour régner sur deux cœurs tu n'es pas encor reine.
Je sais bien qu'en l'état où tous deux je les voi
Il me les faut percer pour aller jusqu'à toi :
Mais n'importe ; mes mains sur le père enhardies
Pour un bras refusé sauront prendre deux vies.

Leurs jours également sont pour moi dangereux ;
J'ai commencé par lui, j'acheverai par eux.
Sort de mon cœur, nature, ou fais qu'ils m'obéissent :
Fais-les servir sa haine, ou consens qu'ils périssent.
Mais déjà l'un a vu que je les veux punir :
Souvent qui tarde trop se laisse prévenir.
Allons chercher le temps d'immoler mes victimes,
Et de me rendre heureuse à force de grands crimes.

# ACTE CINQUIÈME.

## SCÈNE I.

### CLÉOPATRE.

Enfin, grâces aux dieux, j'ai moins d'un ennemi :
La mort de Séleucus m'a vengée à demi ;
Son ombre, en attendant Rodogune et son frère,
Peut déjà de ma part les promettre à son père ;
Ils le suivront de prés, et j'ai tout préparé
Pour réunir bientôt ce que j'ai séparé.
O toi qui n'attends plus que la cérémonie
Pour jeter à mes pieds ma rivale punie,
Et par qui deux amans vont d'un seul coup du sort
Recevoir l'hyménée et le trône et la mort,
Poison, me sauras-tu rendre mon diadème ?
Le fer m'a bien servie, en feras-tu de même ?
Me seras-tu fidèle ? Et toi, que me veux-tu,
Ridicule retour d'une sotte vertu,
Tendresse dangereuse autant comme importune ?
Je ne veux point pour fils l'époux de Rodogune,
Et ne vois plus en lui les restes de mon sang
S'il m'arrache du trône, et la met en mon rang.
Reste du sang ingrat d'un époux infidèle,
Héritier d'une flamme envers moi criminelle,
Aime mon ennemie, et péris comme lui.
Pour la faire tomber j'abattrai son appui :
Aussi bien sous mes pas c'est creuser un abîme
Que retenir ma main sur la moitié du crime ;

Et, te faisant mon roi, c'est trop me négliger
Que te laisser sur moi père et frère à venger.
Qui se venge à demi court lui-même à sa peine :
Il faut ou condamner ou couronner sa haine.
Dût le peuple en fureur pour ses maîtres nouveaux
De mon sang odieux arroser leurs tombeaux,
Dût le Parthe vengeur me trouver sans défense,
Dût le ciel égaler le supplice à l'offense,
Trône, à t'abandonner je ne puis consentir :
Par un coup de tonnerre il vaut mieux en sortir,
Il vaut mieux mériter le sort le plus étrange.
Tombe sur moi le ciel pourvu que je me venge !
J'en recevrai le coup d'un visage remis :
Il est doux de périr après ses ennemis ;
Et, de quelque rigueur que le destin me traite,
Je perds moins à mourir qu'à vivre leur sujette.
Mais voici Laonice, il faut dissimuler
Ce que le seul effet doit bientôt révéler.

## SCÈNE II.

### CLÉOPATRE, LAONICE.

CLÉOPATRE.

Viennent-ils nos amans ?

LAONICE.

Ils approchent, madame ;
On lit dessus leur front l'allégresse de l'ame ;
L'amour s'y fait paroître avec la majesté ;
Et, suivant le vieil ordre en Syrie usité,
D'une grâce en tous deux tout auguste et royale,
Ils viennent prendre ici la coupe nuptiale,
Pour s'en aller au temple, au sortir du palais,
Par les mains du grand-prêtre être unis à jamais :
C'est là qu'il les attend pour bénir l'alliance.

Le peuple tout ravi par ses vœux le devance,
Et pour eux à grands cris demande aux immortels
Tout ce qu'on leur souhaite au pied de leurs autels,
Impatient pour eux que la cérémonie
Ne commence bientôt, ne soit bientôt finie.
Les Parthes à la foule aux Syriens mêlés,
Tous nos vieux différends de leur ame exilés,
Font leur suite assez grosse, et d'une voix commune
Bénissent à l'envi le prince et Rodogune.
Mais je les vois déjà : madame, c'est à vous
A commencer ici des spectacles si doux.

## SCÈNE III.

### CLÉOPATRE, ANTIOCHUS, RODOGUNE, ORONTE, LAONICE, TROUPE DE PARTHES ET DE SYRIENS.

CLÉOPATRE.

Approchez, mes enfans ; car l'amour maternelle,
Madame, dans mon cœur vous tient déjà pour telle,
Et je crois que ce nom ne vous déplaira pas.

RODOGUNE.

Je le chérirai même au-delà du trépas.
Il m'est trop doux, madame ; et tout l'heur que j'espère
C'est de vous obéir et respecter en mère.

CLÉOPATRE.

Aimez-moi seulement ; vous allez être rois,
Et s'il faut du respect c'est moi qui vous le dois.

ANTIOCHUS.

Ah ! si nous recevons la suprême puissance,
Ce n'est pas pour sortir de votre obéissance :
Vous régnerez ici quand nous y régnerons,
Et ce seront vos lois que nous y donnerons.

## ACTE V, SCÈNE III.

CLÉOPATRE.

J'ose le croire ainsi. Mais prenez votre place;
Il est temps d'avancer ce qu'il faut que je fasse.

( Ici Antiochus s'assied dans un fauteuil, Rodogune à sa gauche en même rang, et Cléopâtre à sa droite, mais en rang inférieur, et qui marque quelque inégalité. Oronte s'assied aussi à la gauche de Rodogune, avec la même différence; et Cléopâtre, pendant qu'ils prennent leurs places, parle à l'oreille de Laonice, qui s'en va quérir une coupe pleine de vin empoisonné. )

Peuples, qui m'écoutez, Parthes, et Syriens,
Sujets du roi son frère ou qui fûtes les miens,
Voici de mes deux fils celui qu'un droit d'aînesse
Elève dans le trône et donne à la princesse.
Je lui rends cet état que j'ai sauvé pour lui,
Je cesse de régner; il commence aujourd'hui.
Qu'on ne me traite plus ici de souveraine:
Voici votre roi, peuple, et voilà votre reine.
Vivez pour les servir, respectez-les tous deux,
Aimez-les, et mourez, s'il est besoin, pour eux.
Oronte, vous voyez avec quelle franchise
Je leur rends ce pouvoir dont je me suis démise:
Prêtez les yeux au reste, et voyez les effets
Suivre de point en point les traités de la paix.

(Laonice apporte une coupe.)

ORONTE.

Votre sincérité s'y fait assez paroître,
Madame; et j'en ferai récit au roi mon maître.

CLÉOPATRE.

L'hymen est maintenant notre plus cher souci.
L'usage veut, mon fils, qu'on le commence ici:
Recevez de ma main la coupe nuptiale,
Pour être après unis sous la foi conjugale:
Puisse-t-elle être un gage envers votre moitié
De votre amour ensemble et de mon amitié !

###### ANTIOCHUS prenant la coupe.

Ciel ! que ne dois-je point aux bontés d'une mère !
###### CLÉOPATRE.
Le temps presse, et votre heur d'autant plus se diffère.
###### ANTIOCHUS à Rodogune.
Madame, hâtons donc ces glorieux momens ;
Voici l'heureux essai de nos contentemens.
Mais si mon frère étoit le témoin de ma joie...
###### CLÉOPATRE.
C'est être trop cruel de vouloir qu'il la voie :
Ce sont des déplaisirs qu'il fait bien d'épargner ;
Et sa douleur secrète a droit de l'éloigner.
###### ANTIOCHUS.
Il m'avoit assuré qu'il la verroit sans peine.
Mais n'importe, achevons.

## SCÈNE IV.

**CLÉOPATRE, ANTIOCHUS, RODOGUNE, ORONTE, TIMAGÈNE, LAONICE,** troupe de parthes et de syriens.

###### TIMAGÈNE.
Ah ! seigneur !
###### CLÉOPATRE.
Timagène,
Quelle est votre insolence !
###### TIMAGÈNE.
Ah ! madame !
###### ANTIOCHUS rendant la coupe à Laonice.
Parlez.
###### TIMAGÈNE.
Souffrez pour un moment que mes sens rappelés...

ACTE V, SCÈNE IV.

ANTIOCHUS.

Qu'est-il donc arrivé?

TIMAGÈNE.

Le prince votre frère...

ANTIOCHUS.

Quoi! se voudroit-il rendre à mon bonheur contraire?

TIMAGÈNE.

L'ayant cherché long-temps afin de divertir
L'ennui que de sa perte il pouvoit ressentir,
Je l'ai trouvé, seigneur, au bout de cette allée
Où la clarté du ciel semble toujours voilée.
Sur un lit de gazon, de foiblesse étendu,
Il sembloit déplorer ce qu'il avoit perdu;
Son ame à ce penser paroissoit attachée;
Sa tête sur un bras languissamment penchée,
Immobile, et rêveur en malheureux amant...

ANTIOCHUS.

Enfin que faisoit-il? achevez promptement.

TIMAGÈNE.

D'une profonde plaie en l'estomac ouverte
Son sang à gros bouillons sur cette couche verte...

CLÉOPATRE.

Il est mort?

TIMAGÈNE.

Oui, madame.

CLÉOPATRE.

Ah! destins ennemis,
Qui m'enviez le bien que je m'étois promis!
Voilà le coup fatal que je craignois dans l'ame;
Voilà le désespoir où l'a réduit sa flamme.
Pour vivre en vous perdant il avoit trop d'amour,
Madame, et de sa main il s'est privé du jour.

TIMAGÈNE à Cléopâtre.

Madame, il a parlé; sa main est innocente.

CLÉOPATRE à Timagène.

La tienne est donc coupable ; et ta rage insolente,
Par une lâcheté qu'on ne peut égaler,
L'ayant assassiné le fait encor parler.

ANTIOCHUS.

Timagène, souffrez la douleur d'une mère
Et les premiers soupçons d'une aveugle colère :
Comme ce coup fatal n'a point d'autres témoins,
J'en ferois autant qu'elle, à vous connoître moins.
Mais que vous a-t-il dit ? Achevez, je vous prie.

TIMAGÈNE.

Surpris d'un tel spectacle, à l'instant je m'écrie ;
Et soudain à mes cris ce prince en soupirant
Avec assez de peine entr'ouvre un œil mourant ;
Et ce reste égaré de lumière incertaine
Lui peignant son cher frère au lieu de Timagène,
Rempli de votre idée, il m'adresse pour vous
Ces mots où l'amitié règne sur le courroux :
 « Une main qui nous fut bien chère
Venge ainsi le refus d'un coup trop inhumain.
 Régnez ; et surtout, mon cher frère,
 Gardez-vous de la même main ;
C'est... » La parque à ce mot lui coupe la parole ;
Sa lumière s'éteint, et son ame s'envole :
Et moi, tout effrayé d'un si tragique sort,
J'accours pour vous en faire un funeste rapport.

ANTIOCHUS.

Rapport vraiment funeste, et sort vraiment tragique,
Qui va changer en pleurs l'allégresse publique ;
O frère ! plus aimé que la clarté du jour,
O rival ! aussi cher que m'étoit mon amour,
Je te perds, et je trouve en ma douleur extrême
Un malheur dans ta mort plus grand que ta mort même
Oh ! de ses derniers mots fatale obscurité !

En quel gouffre d'horreur m'as-tu précipité?
Quand j'y pense chercher la main qui l'assassine
Je m'impute à forfait tout ce que j'imagine :
Mais aux marques enfin que tu m'en viens donner,
Fatale obscurité, qui dois-je en soupçonner?
  « Une main qui nous fut bien chère ! »
    (A Rodogune.)
Madame, est-ce la vôtre ou celle de ma mère?
Vous vouliez toutes deux un coup trop inhumain ;
Nous vous avons tous deux refusé notre main ;
Qui de vous s'est vengée? est-ce l'une, est-ce l'autre,
Qui fait agir la sienne au défaut de la nôtre?
Est-ce vous qu'en coupable il me faut regarder ?
Est-ce vous désormais dont je me dois garder?

CLÉOPATRE.

Quoi ! vous me soupçonnez !

RODOGUNE.

Quoi ! je vous suis suspecte !

ANTIOCHUS.

Je suis amant et fils, je vous aime et respecte;
Mais quoi que sur mon cœur puissent des noms si doux
A ces marques enfin je ne connois que vous.
As-tu bien entendu? dis-tu vrai, Timagène ?

TIMAGÈNE.

Avant qu'en soupçonner la princesse ou la reine
Je mourrois mille fois; mais enfin mon récit
Contient, sans rien de plus, ce que le prince a dit.

ANTIOCHUS.

D'un et d'autre côté l'action est si noire
Que, n'en pouvant douter, je n'ose encor la croire.
Oh ! quiconque des deux avez versé son sang,
Ne vous préparez plus à me percer le flanc,
Nous avons mal servi vos haines mutuelles,
Aux jours l'une de l'autre également cruelles :

Mais si j'ai refusé ce détestable emploi,
Je veux bien vous servir toutes deux contre moi.
Qui que vous soyez donc, recevez une vie
Que déjà vos fureurs m'ont à demi ravie.
( Il tire son épée, et veut se tuer. )
RODOGUNE.

Ah ! seigneur, arrêtez.
TIMAGÈNE.
     Seigneur, que faites-vous ?
ANTIOCHUS.
Je sers ou l'une ou l'autre, et je préviens ses coups.
CLÉOPATRE.
Vivez, régnez heureux.
ANTIOCHUS.
     Otez-moi donc de doute,
Et montrez-moi la main qu'il faut que je redoute,
Qui pour m'assassiner ose me secourir
Et me sauve de moi pour me faire périr.
Puis-je vivre et traîner cette gêne éternelle,
Confondre l'innocente avec la criminelle,
Vivre, et ne pouvoir plus vous voir sans m'alarmer,
Vous craindre toutes deux, toutes deux vous aimer.
Vivre avec ce tourment c'est mourir à toute heure;
Tirez-moi de ce trouble, ou souffrez que je meure,
Et que mon déplaisir par un coup généreux
Epargne un parricide à l'une de vous deux.
CLÉOPATRE.
Puisque le même jour que ma main vous couronne
Je perds un de mes fils, et l'autre me soupçonne;
Qu'au milieu de mes pleurs, qu'il devroit essuyer,
Son peu d'amour me force à me justifier,
Si vous n'en pouvez mieux consoler une mère
Qu'en la traitant d'égale avec une étrangère,
Je vous dirai, seigneur, ( car ce n'est plus à moi

A nommer autrement et mon juge et mon roi)
Que vous voyez l'effet de cette vieille haine
Qu'en dépit de la paix me garde l'inhumaine,
Qu'en son cœur du passé soutient le souvenir,
Et que j'avois raison de vouloir prévenir.
Elle a soif de mon sang, elle a voulu l'épandre;
J'ai prévu d'assez loin ce que j'en viens d'apprendre:
Mais je vous ai laissé désarmer mon courroux.

(A Rodogune.)

Sur la foi de ses pleurs je n'ai rien craint de vous,
Madame; mais, ô dieu! quelle rage est la vôtre!
Quand je vous donne un fils vous assassinez l'autre,
Et m'enviez soudain l'unique et foible appui
Qu'une mère opprimée eût pu trouver en lui!
Quand vous m'accablerez où sera mon refuge?
Si je m'en plains au roi vous possédez mon juge;
Et s'il m'ose écouter peut-être, hélas! en vain
Il voudra se garder de cette même main.
Enfin je suis leur mère, et vous leur ennemie;
J'ai recherché leur gloire, et vous leur infamie;
Et si je n'eusse aimé ces fils que vous m'ôtez,
Votre abord en ces lieux les eût déshérités.
C'est à lui maintenant, en cette concurrence,
A régler ses soupçons sur cette différence,
A voir de qui des deux il doit se défier,
Si vous n'avez un charme à vous justifier.

RODOGUNE à Cléopâtre.

Je me défendrai mal: l'innocence étonnée
Ne peut s'imaginer qu'elle soit soupçonnée;
Et n'ayant rien prévu d'un attentat si grand,
Qui l'en veut accuser sans peine la surprend.
Je ne m'étonne point de voir que votre haine
Pour me faire coupable a quitté Timagène.
Au moindre jour ouvert de tout jeter sur moi,

Son récit s'est trouvé digne de votre foi.
Vous l'accusiez pourtant quand votre ame alarmée
Craignoit qu'en expirant ce fils vous eût nommée :
Mais de ses derniers mots voyant le sens douteux,
Vous avez pris soudain le crime entre nous deux.
Certes si vous voulez passer pour véritable,
Que l'une de nous deux de sa mort soit coupable,
Je veux bien par respect ne vous imputer rien :
Mais votre bras au crime est plus fait que le mien ;
Et qui sur un époux fit son apprentissage
A bien pu sur un fils achever son ouvrage.
Je ne dénierai point, puisque vous les savez,
De justes sentimens dans mon ame élevés :
Vous demandiez mon sang, j'ai demandé le vôtre ;
Le roi sait quels motifs ont poussé l'une et l'autre ;
Comme par sa prudence il a tout adouci,
Il vous connoît peut-être, et me connoît aussi.

(A Antiochus.)

Seigneur, c'est un moyen de vous être bien chère
Que pour don nuptial vous immoler un frère :
On fait plus, on m'impute un coup si plein d'horreur
Pour me faire un passage à vous percer le cœur.

(A Cléopâtre.)

Où fuirois-je de vous après tant de furie,
Madame? et que feroit toute votre Syrie,
Où, seule et sans appui contre mes attentats,
Je verrois...? Mais, seigneur, vous ne m'écoutez pas!

ANTIOCHUS.

Non, je n'écoute rien ; et dans la mort d'un frère
Je ne veux point juger entre vous et ma mère :
Assassinez un fils, massacrez un époux,
Je ne veux me garder ni d'elle ni de vous.
Suivons aveuglément ma triste destinée ;
Pour m'exposer à tout achevons l'hyménée.

Cher frère, c'est pour moi le chemin du trépas;
La main qui t'a percé ne m'épargnera pas;
Je cherche à te rejoindre, et non à m'en défendre,
Et lui veux bien donner tout lieu de me surprendre :
Heureux si sa fureur, qui me prive de toi,
Se fait bientôt connoître en achevant sur moi,
Et si du ciel trop lent à la réduire en poudre
Son crime redoublé peut arracher la foudre !
Donnez-moi...

RODOGUNE l'empêchant de prendre la coupe.

Quoi, seigneur !

ANTIOCHUS.

Vous m'arrêtez en vain ;
Donnez.

RODOGUNE.

Ah ! gardez-vous de l'une et l'autre main.
Cette coupe est suspecte, elle vient de la reine ;
Craignez de toutes deux quelque secrète haine.

CLÉOPATRE.

Qui m'épargnoit tantôt ose enfin m'accuser !

RODOGUNE.

De toutes deux, madame, il doit tout refuser.
Je n'accuse personne, et vous tiens innocente;
Mais s'il en faut sur l'heure une preuve évidente,
Je veux bien à mon tour subir les mêmes lois.
On ne peut craindre trop pour le salut des rois.
Donnez donc cette preuve ; et pour toute réplique
Faites faire un essai par quelque domestique.

CLÉOPATRE prenant la coupe.

Je le ferai moi-même. Eh bien ! redoutez-vous
Quelque sinistre effet encor de mon courroux?
J'ai souffert cet outrage avecque patience.

ANTIOCHUS *prenant la coupe de la main de Cléopâtre après qu'elle a bu.*

Pardonnez-lui, madame, un peu de défiance ;
Comme vous l'accusez, elle fait son effort
A rejeter sur vous l'horreur de cette mort :
Et, soit amour pour moi, soit adresse pour elle,
Ce soin la fait paroître un peu moins criminelle.
Pour moi, qui ne vois rien dans le trouble où je suis
Qu'un gouffre de malheurs, qu'un abîme d'ennuis,
Attendant qu'en plein jour ces vérités paroissent,
J'en laisse la vengeance aux dieux, qui les connoissent
Et vais sans plus tarder...

RODOGUNE.
              Seigneur, voyez ses yeux
Déjà tout égarés, troubles et furieux,
Cette affreuse sueur qui court sur son visage,
Cette gorge qui s'enfle. Ah ! bons dieux ! quelle rage!
Pour vous perdre après elle elle a voulu périr.

ANTIOCHUS *rendant la coupe à Laonice.*

N'importe, elle est ma mère, il faut la secourir.

CLÉOPATRE.

Va, tu me veux en vain rappeler à la vie ;
Ma haine est trop fidèle, et m'a trop bien servie:
Elle a paru trop tôt pour te perdre avec moi ;
C'est le seul déplaisir qu'en mourant je reçoi.
Mais j'ai cette douceur dedans cette disgrâce
De ne voir point régner ma rivale en ma place.
Règne ; de crime en crime enfin te voilà roi.
Je t'ai défait d'un père, et d'un frère, et de moi :
Puisse le ciel tous deux vous prendre pour victimes,
Et laisser choir sur vous les peines de mes crimes!
Puissiez-vous ne trouver dedans votre union
Qu'horreur, que jalousie et que confusion!
Et, pour vous souhaiter tous les malheurs ensemble,
Puisse naître de vous un fils qui me ressemble!

##### ANTIOCHUS.
Ah ! vivez pour changer cette haine en amour.
##### CLÉOPATRE.
Je maudirois les dieux s'ils me rendoient le jour.
Qu'on m'emporte d'ici, je me meurs. Laonice,
Si tu veux m'obliger par un dernier service,
Après les vains efforts de mes inimitiés,
Sauve-moi de l'affront de tomber à leurs pieds.

(*Elle s'en va, et Laonice lui aide à marcher.*)

## SCÈNE V.

**RODOGUNE, ANTIOCHUS, ORONTE, TIMAGÈNE, TROUPE DE PARTHES ET DE SYRIENS.**

##### ORONTE.
Dans les justes rigueurs d'un sort si déplorable,
Seigneur, le juste ciel vous est bien favorable :
Il vous a préservé, sur le point de périr,
Du danger le plus grand que vous puissiez courir ;
Et, par un digne effet de ses faveurs puissantes,
La coupable est punie et vos mains innocentes.
##### ANTIOCHUS.
Oronte, je ne sais, dans son funeste sort,
Qui m'afflige le plus, ou sa vie ou sa mort :
L'une et l'autre a pour moi des malheurs sans exemple.
Plaignez mon infortune. Et vous, allez au temple
Y changer l'allégresse en un deuil sans pareil,
La pompe nuptiale en funèbre appareil ;
Et nous verrons après, par d'autres sacrifices,
Si les dieux voudront être à nos vœux plus propices.

**FIN DE RODOGUNE.**

# HÉRACLIUS,
## TRAGÉDIE.
(1647.)

# PERSONNAGES.

PHOCAS, empereur d'Orient.
HÉRACLIUS, fils de l'empereur Maurice, cru Martian, fils de Phocas, amant d'Eudoxe.
MARTIAN, fils de Phocas, cru Léonce, fils de Léontine, amant de Pulchérie.
PULCHÉRIE, fille de l'empereur Maurice, maitresse de Martian.
LÉONTINE, dame de Constantinople, autrefois gouvernante d'Héraclius et de Martian.
EUDOXE, fille de Léontine et maitresse d'Héraclius.
CRISPE, gendre de Phocas.
EXUPÈRE, patricien de Constantinople.
AMINTAS, ami d'Exupère.
UN PAGE de Léontine.

*La scène est à Constantinople.*

# HÉRACLIUS.

## ACTE PREMIER.

### SCÈNE I.

#### PHOCAS, CRISPE.

PHOCAS.

Crispe, il n'est que trop vrai, la plus belle couronne
N'a que de faux brillans dont l'éclat l'environne ;
Et celui dont le ciel pour un sceptre fait choix
Jusqu'à ce qu'il le porte en ignore le poids.
Mille et mille douceurs y semblent attachées,
Qui ne sont qu'un amas d'amertumes cachées :
Qui croit les posséder les sent s'évanouir,
Et la peur de les perdre empêche d'en jouir.
Surtout qui comme moi d'une obscure naissance
Monte par la révolte à la toute-puissance,
Qui de simple soldat à l'empire élevé
Ne l'a que par le crime acquis et conservé,
Autant que sa fureur s'est immolé de têtes,
Autant dessus la sienne il croit voir de tempêtes ;
Et comme il n'a semé qu'épouvante et qu'horreur,
Il n'en recueille enfin que trouble et que terreur.
J'en ai semé beaucoup ; et depuis quatre lustres
Mon trône n'est fondé que sur des morts illustres,
Et j'ai mis au tombeau, pour régner sans effroi,
Tout ce que j'en ai vu de plus digne que moi.
Mais le sang répandu de l'empereur Maurice,
Ses cinq fils à ses yeux envoyés au supplice

En vain en ont été les premiers fondemens
Si pour m'ôter ce trône ils servent d'instrumens.
On en fait revivre un au bout de vingt années.
Byzance ouvre, dis-tu, l'oreille à ces menées ;
Et le peuple, amoureux de tout ce qui me nuit,
D'une croyance avide embrasse ce faux bruit,
Impatient déjà de se laisser séduire
Au premier imposteur armé pour me détruire,
Qui, s'osant revêtir de ce fantôme aimé,
Voudra servir d'idole à son zèle charmé,
Mais sais-tu sous quel nom ce fâcheux bruit s'excite ?

CRISPE.

Il nomme Héraclius celui qu'il ressuscite.

PHOCAS.

Quiconque en est l'auteur devoit mieux l'inventer.
Le nom d'Héraclius doit peu m'épouvanter :
Sa mort est trop certaine et fut trop remarquable
Pour craindre un grand effet d'une si vaine fable.
Il n'avoit que six mois, et, lui perçant le flanc,
On en fit dégoutter plus de lait que de sang ;
Et ce prodige affreux, dont je tremblai dans l'âme,
Fut aussitôt suivi de la mort de ma femme.
Il me souvient encor qu'il fut deux jours caché,
Et que sans Léontine on l'eût long-temps cherché.
Il fut livré par elle, à qui pour récompense
Je donnai de mon fils à gouverner l'enfance,
Du jeune Martian, qui, d'âge presque égal,
Etoit resté sans mère en ce moment fatal.
Juge par là combien ce conte est ridicule.

CRISPE.

Tout ridicule il plaît ; et le peuple est crédule.
Mais avant qu'à ce conte il se laisse emporter
Il vous est trop aisé de le faire avorter,
Quand vous fîtes périr Maurice et sa famille

Il vous en plut, seigneur, réserver une fille,
Et résoudre dès lors qu'elle auroit pour époux,
Ce prince destiné pour régner après vous.
Le peuple en sa personne aime encore et révère
Et son père Maurice et son aïeul Tibère,
Et vous verra sans trouble en occuper le rang,
S'il voit tomber leur sceptre au reste de leur sang.
Non, il ne courra plus après l'ombre du frère
S'il voit monter la sœur dans le trône du père.
Mais pressez cet hymen : le prince aux champs de Mars
Chaque jour, chaque instant s'offre à mille hasards ;
Et, n'eût été Léonce, en la dernière guerre
Ce dessein avec lui seroit tombé par terre,
Puisque sans la valeur de ce jeune guerrier
Martian demeuroit ou mort ou prisonnier.
Avant que d'y périr, s'il faut qu'il y périsse,
Qu'il vous laisse un neveu qui le soit de Maurice,
Et qui, réunissant l'une et l'autre maison,
Tire chez vous l'amour qu'on garde pour son nom.

PHOCAS.

Hélas ! de quoi me sert ce dessein salutaire,
Si pour en voir l'effet tout me devient contraire ?
Pulchérie et mon fils ne se trouvent d'accord
Qu'à fuir cet hyménée à l'égal de la mort;
Et les aversions entre eux deux mutuelles
Les font d'intelligence à se montrer rebelles.
La princesse surtout frémit à mon aspect ;
Et, quoiqu'elle étudie un peu de faux respect,
Le souvenir des siens, l'orgueil de sa naissance
L'emporte à tous momens à braver ma puissance.
Sa mère, que long-temps je voulus épargner,
Et qu'en vain par douceur j'espérai de gagner,
L'a de la sorte instruite ; et ce que je vois suivre
Me punit bien du trop que je la laissai vivre.

CRISPE.

Il faut agir de force avec de tels esprits,
Seigneur ; et qui les flatte endurcit leurs mépris.
La violence est juste où la douceur est vaine.

PHOCAS.

C'est par là qu'aujourd'hui je veux dompter sa haine :
Je l'ai mandée exprès non plus pour la flatter,
Mais pour prendre mon ordre, et pour l'exécuter.

CRISPE.

Elle entre.

## SCÈNE II.

### PHOCAS, PULCHÉRIE, CRISPE.

PHOCAS.

     Enfin, madame, il est temps de vous rendre :
Le besoin de l'état défend de plus attendre ;
Il lui faut des Césars ; et je me suis promis
D'en voir naître bientôt de vous et de mon fils.
Ce n'est pas exiger grande reconnoissance
Des soins que mes bontés ont pris de votre enfance
De vouloir qu'aujourd'hui pour prix de mes bienfaits
Vous daigniez accepter les dons que je vous fais.
Ils ne font point de honte au rang le plus sublime ;
Ma couronne et mon fils valent bien quelque estime :
Je vous les offre encore après tant de refus.
Mais apprenez aussi que je n'en souffre plus ;
Que de force ou de gré je me veux satisfaire,
Qu'il me faut craindre en maître, ou me chérir en père,
Et que, si votre orgueil s'obstine à me haïr,
Qui ne peut être aimé se peut faire obéir.

PULCHERIE.

J'ai rendu jusqu'ici cette reconnoissance

A ces soins tant vantés d'élever mon enfance,
Que, tant qu'on m'a laissée en quelque liberté,
J'ai voulu me défendre avec civilité ;
Mais, puisqu'on use enfin d'un pouvoir tyrannique,
Je vois bien qu'à mon tour il faut que je m'explique,
Que je me montre entière à l'injuste fureur,
Et parle à mon tyran en fille d'empereur.
Il falloit me cacher avec quelque artifice
Que j'étois Pulchérie et fille de Maurice
Si tu faisois dessein de m'éblouir les yeux
Jusqu'à prendre tes dons pour des dons précieux.
Vois quels sont ces présens dont le refus t'étonne :
Tu me donnes, dis-tu, ton fils et ta couronne :
Mais que me donnes-tu, puisque l'une est à moi,
Et l'autre en est indigne étant sorti de toi?
Ta libéralité me fait peine à comprendre :
Tu parles de donner quand tu ne fais que rendre,
Et puisque avecque moi tu veux le couronner,
Tu ne me rends mon bien que pour te le donner.
Tu veux que cet hymen que tu m'oses prescrire
Porte dans ta maison les titres de l'empire,
Et de cruel tyran, d'infâme ravisseur,
Te fasse vrai monarque et juste possesseur.
Ne reproche donc plus à mon ame indignée
Qu'en perdant tous les miens tu m'as seule épargnée :
Cette feinte douceur, cette ombre d'amitié
Vint de ta politique, et non de ta pitié.
Ton intérêt dès lors fit seul cette réserve :
Tu m'as laissé la vie afin qu'elle te serve ;
Et, mal sûr dans un trône où tu crains l'avenir,
Tu ne m'y veux placer que pour t'y maintenir,
Tu ne m'y fais monter que de peur d'en descendre.
Mais connois Pulchérie, et cesse de prétendre.
Je sais qu'il m'appartient ce trône où tu te sieds,
Que c'est à moi d'y voir tout le monde à mes pieds ;

Mais, comme il est encor teint du sang de mon père,
S'il n'est lavé du tien il ne sauroit me plaire;
Et ta mort, que mes vœux s'efforcent de hâter,
Est l'unique degré par où j'y veux monter.
Voilà quelle je suis et quelle je veux être.
Qu'un autre t'aime en père ou te redoute en maître,
Le cœur de Pulchérie est trop haut et trop franc
Pour craindre ou pour flatter le bourreau de son sang.

PHOCAS.

J'ai forcé ma colère à te prêter silence
Pour voir à quel excès iroit ton insolence :
J'ai vu ce qui t'abuse et me fait mépriser,
Et t'aime encore assez pour te désabuser.
N'estime plus mon sceptre usurpé sur ton père,
Ni que pour l'appuyer ta main soit nécessaire.
Depuis vingt ans je règne, et je règne sans toi ;
Et j'en eus tout le droit du choix qu'on fit de moi.
Le trône où je me sieds n'est pas un bien de race :
L'armée a ses raisons pour remplir cette place ;
Son choix en est le titre ; et tel est notre sort
Qu'une autre élection nous condamne à la mort.
Celle qu'on fit de moi fut l'arrêt de Maurice ;
J'en vis avec regret le triste sacrifice :
Au repos de l'état il fallut l'accorder ;
Mon cœur, qui résistoit, fut contraint de céder.
Mais pour remettre un jour l'empire en sa famille
Je fis ce que je pus, je conservai sa fille ;
Et, sans avoir besoin de titre ni d'appui,
Je te fais part d'un bien qui n'étoit plus à lui.

PULCHÉRIE.

Un chétif centenier des troupes de Mysie,
Qu'un gros de mutinés élut par fantaisie,
Oser arrogamment se vanter à mes yeux
D'être juste seigneur du bien de mes aïeux !

Lui qui n'a pour l'empire autre droit que ses crimes,
Lui qui de tous les miens fit autant de victimes,
Croire s'être lavé d'un si noir attentat
En imputant leur perte au repos de l'état!
Il fait plus, il me croit digne de cette excuse!
Souffre, souffre à ton tour que je te désabuse :
Apprends que, si jadis quelques séditions
Usurpèrent le droit de ces élections,
L'empire étoit chez nous un bien héréditaire;
Maurice ne l'obtint qu'en gendre de Tibère;
Et l'on voit depuis lui remonter mon destin
Jusqu'au grand Théodose et jusqu'à Constantin.
Et je pourrois avoir l'ame assez abattue...

PHOCAS.

Eh bien! si tu le veux, je te le restitue
Cet empire, et consens encor que ta fierté
Impute à mes remords l'effet de ma bonté.
Dis que je te le rends, et te fais des caresses
Pour apaiser des tiens les ombres vengeresses,
Et tout ce qui pourra sous quelque autre couleur
Autoriser ta haine et flatter ta douleur.
Pour un dernier effort je veux souffrir la rage
Qu'allume dans ton cœur cette sanglante image.
Mais que t'a fait mon fils? étoit-il au berceau
Des tiens que je perdis le juge ou le bourreau?
Tant de vertus qu'en lui le monde entier admire
Ne l'ont-elles pas fait trop digne de l'empire?
En ai-je eu quelque espoir qu'il n'ait assez rempli?
Et voit-on sous le ciel prince plus accompli?
Un cœur comme le tien, si grand, si magnanime...

PULCHÉRIE.

Va, je ne confonds point ses vertus et ton crime;
Comme ma haine est juste et ne m'aveugle pas,
J'en vois assez en lui pour les plus grands états;

J'admire chaque jour les preuves qu'il en donne :
J'honore sa valeur, j'estime sa personne,
Et penche d'autant plus à lui vouloir du bien
Que s'en voyant indigne il ne demande rien,
Que ses longues froideurs témoignent qu'il s'irrite
De ce qu'on veut de moi par-delà son mérite,
Et que de tes projets son cœur triste et confus
Pour m'en faire justice approuve mes refus.
Ce fils si vertueux d'un père si coupable
S'il ne devoit régner me pourroit être aimable ;
Et cette grandeur même où tu veux le porter
Est l'unique motif qui m'y fait résister.
Après l'assassinat de ma famille entière,
Quand tu ne m'as laissé père, mère, ni frère,
Que j'en fasse ton fils légitime héritier !
Que j'assure par là leur trône au meurtrier !
Non, non ; si tu me crois le cœur si magnanime
Qu'il ose séparer ses vertus de ton crime,
Sépare tes présens, et ne m'offre aujourd'hui
Que ton fils sans le sceptre, ou le sceptre sans lui.
Avise ; et si tu crains qu'il te fût trop infâme
De remettre l'empire en la main d'une femme,
Tu peux dès aujourd'hui le voir mieux occupé :
Le ciel me rend un frère à ta rage échappé ;
On dit qu'Héraclius est tout près de paroître :
Tyran, descends du trône, et fait place à ton maître.

PHOCAS.

A ce compte, arrogante, un fantôme nouveau
Qu'un murmure confus fait sortir du tombeau
Te donne cette audace et cette confiance !
Ce bruit s'est fait déjà digne de ta croyance ;
Mais...

PULCHÉRIE.

Je sais qu'il est faux ; pour t'assurer ce rang
Ta rage eut trop de soin de verser tout mon sang :

Mais la soif de ta perte en cette conjoncture
Me fait aimer l'auteur d'une belle imposture.
Au seul nom de Maurice il te fera trembler :
Puisqu'il se dit son fils, il veut lui ressembler ;
Et cette ressemblance où son courage aspire
Mérite mieux que toi de gouverner l'empire.
J'irai par mon suffrage affermir cette erreur,
L'avouer pour mon frère et pour mon empereur,
Et dedans son parti jeter tout l'avantage
Du peuple convaincu par mon premier hommage.
Toi, si quelque remords te donne un juste effroi,
Sors du trône, et te laisse abuser comme moi :
Prends cette occasion de te faire justice.

### PHOCAS.

Oui, je me la ferai bientôt par ton supplice ;
Ma bonté ne peut plus arrêter mon devoir ;
Ma patience a fait par-delà son pouvoir :
Qui se laisse outrager mérite qu'on l'outrage,
Et l'audace impunie enfle trop un courage.
Tonne, menace, brave, espère en de faux bruits ;
Fortifie, affermis ceux qu'ils auront séduits ;
Dans ton ame à ton gré change ma destinée :
Mais choisis pour demain la mort ou l'hyménée.

### PULCHÉRIE.

Il n'est pas pour ce choix besoin d'un grand effort
A qui hait l'hyménée et ne craint point la mort.

### PHOCAS.

Dis, si tu veux encor, que ton cœur la souhaite.

( Dans les deux scènes suivantes Héraclius passe pour Martian, et Martian pour Léonce. Héraclius se connoît, mais Martian ne se connoît pas. )

## SCÈNE III.

**PHOCAS, PULCHÉRIE, HÉRACLIUS, CRISPE.**

PHOCAS à Héraclius.

Approche, Martian, que je te le répète.
Cette ingrate furie, après tant de mépris,
Conspire encor la perte et du père et du fils.
Elle-même a semé cette erreur populaire
D'un faux Héraclius qu'elle accepte pour frère ;
Mais quoiqu'à ces mutins elle puisse imposer,
Demain ils la verront mourir ou t'épouser.

HÉRACLIUS.

Seigneur...

PHOCAS.

Garde sur toi d'attirer ma colère.

HÉRACLIUS.

Dussé-je mal user de cet amour de père,
Etant ce que je suis, je me dois quelque effort
Pour vous dire, seigneur, que c'est vous faire tort,
Et que c'est trop montrer d'injuste défiance
De ne pouvoir régner que par son alliance.
Sans prendre un nouveau droit du nom de son époux,
Ma naissance suffit pour régner après vous.
J'ai du cœur, et tiendrois l'empire même infâme
S'il falloit le tenir de la main d'une femme.

PHOCAS.

Eh bien! elle mourra : tu n'en as pas besoin.

HÉRACLIUS.

De vous-même, seigneur, daignez mieux prendre soin :
Le peuple aime Maurice ; en perdre ce qui reste
Nous rendroit ce tumulte au dernier point funeste.
Au nom d'Héraclius à demi soulevé,
Vous verriez par sa mort le désordre achevé.

Il vaut mieux la priver du rang qu'elle rejette,
Faire régner une autre et la laisser sujette :
Et d'un parti plus bas punissant son orgueil...

PHOCAS.

Quand Maurice peut tout du creux de son cercueil,
A ce fils supposé dont il me faut défendre
Tu parles d'ajouter un véritable gendre !

HÉRACLIUS.

Seigneur, j'ai des amis chez qui cette moitié...

PHOCAS.

A l'épreuve d'un sceptre il n'est point d'amitié,
Point qui ne s'éblouisse à l'éclat de sa pompe,
Point qu'après son hymen sa haine ne corrompe.
Elle mourra, te dis-je.

PULCHÉRIE.

Ah ! ne m'empêchez pas
De rejoindre les miens par un heureux trépas.
La vapeur de mon sang ira grossir la foudre
Que Dieu tient déjà prête à le réduire en poudre ;
Et ma mort en servant de comble à tant d'horreurs....

PHOCAS.

Par ses remerciemens juge de ses fureurs.
J'ai prononcé l'arrêt, il faut que l'effet suive.
Résous-la de t'aimer si tu veux qu'elle vive ;
Sinon, j'en jure encore, et ne t'écoute plus,
Son trépas dès demain finira ses refus.

## SCÈNE IV.

### PULCHÉRIE, HÉRACLIUS, MARTIAN.

HÉRACLIUS.

En vain il se promet que sous cette menace
J'espère en votre cœur surprendre quelque place ;
Votre refus est juste, et j'en sais les raisons.

Ce n'est pas à nous deux d'unir les deux maisons;
D'autres destins, madame, attendent l'un et l'autre :
Ma foi m'engage ailleurs aussi bien que la vôtre;
Vous aurez en Léonce un digne possesseur;
Je serai trop heureux d'en posséder la sœur.
Ce guerrier vous adore, et vous l'aimez de même;
Je suis aimé d'Eudoxe autant comme je l'aime :
Léontine leur mère est propice à nos vœux;
Et, quelque effort qu'on fasse à rompre ces beaux nœuds,
D'un amour si parfait les chaînes sont si belles
Que nos captivités doivent être éternelles.

### PULCHÉRIE.

Seigneur, vous connoissez ce cœur infortuné :
Léonce y peut beaucoup; vous me l'avez donné,
Et votre main illustre augmente le mérite
Des vertus dont l'éclat pour lui me sollicite.
Mais à d'autres pensers il me faut recourir :
Il n'est plus temps d'aimer alors qu'il faut mourir;
Et quand à ce départ une ame se prépare...

### HÉRACLIUS.

Redoutez un peu moins les rigueurs d'un barbare.
Pardonnez-moi ce mot; pour vous servir d'appui
J'ai peine à reconnoître encore un père en lui.
Résolu de périr pour vous sauver la vie,
Je sens tous mes respects céder à cette envie;
Je ne suis plus son fils s'il en veut à vos jours,
Et mon cœur tout entier vole à votre secours.

### PULCHÉRIE.

C'est donc avec raison que je commence à craindre,
Non la mort, non l'hymen, où l'on me veut contraindre,
Mais ce péril extrême où pour me secourir
Je vois votre grand cœur aveuglément courir.

### MARTIAN.

Ah! mon prince, ah! madame, il vaut mieux vous résoudr

## ACTE I, SCÈNE V.

Par un heureux hymen à dissiper ce foudre.
Au nom de votre amour et de votre amitié
Prenez de votre sort tous deux quelque pitié.
Que la vertu du fils, si pleine et si sincère,
Vainque la juste horreur que vous avez du père;
Et pour mon intérêt n'exposez pas tous deux...

HÉRACLIUS.

Que me dis-tu, Léonce, et qu'est-ce que tu veux?
Tu m'as sauvé la vie; et pour reconnoissance
Je voudrois à tes feux ôter leur récompense;
Et, ministre insolent d'un prince furieux,
Couvrir de cette honte un nom si glorieux;
Ingrat à mon ami, perfide à ce que j'aime,
Cruel à la princesse, odieux à moi-même!
Je te connois, Léonce, et mieux que tu ne crois;
Je sais ce que tu vaux et ce que je te dois.
Son bonheur est le mien, madame; et je vous donne
Léonce et Martian en la même personne;
C'est Martian en lui que vous favorisez.
Opposons la constance aux périls opposés.
Je vais près de Phocas essayer la prière,
Et si je n'en obtiens la grâce tout entière,
Malgré le nom de père et le titre de fils,
Je deviens le plus grand de tous ses ennemis.
Oui, si sa cruauté s'obstine à votre perte,
J'irai pour l'empêcher jusqu'à la force ouverte;
Et puisse, si le ciel m'y voit rien épargner,
Un faux Héraclius en ma place régner!
Adieu, madame.

## SCÈNE V.
### PULCHÉRIE, MARTIAN.

PULCHÉRIE.

Adieu, prince trop magnanime,
Prince digne en effet d'un trône acquis sans crime,
Digne d'un autre père. Ah! Phocas! ah! tyran!
Se peut-il que ton sang ait formé Martian?
Mais allons, cher Léonce, admirant son courage,
Tâcher de notre part à repousser l'orage.
Tu t'es fait des amis, je sais des mécontens;
Le peuple est ébranlé, ne perdons pas de temps:
L'honneur te le commande, et l'amour t'y convie.

MARTIAN.

Pour otage en ses mains ce tigre a votre vie;
Et je n'oserai rien qu'avec un juste effroi
Qu'il ne venge sur vous ce qu'il craindra de moi.

PULCHÉRIE.

N'importe; à tout oser le péril doit contraindre:
Il ne faut craindre rien quand on a tout à craindre.
Allons examiner pour ce coup généreux
Les moyens les plus prompts et les moins dangereux.

# ACTE SECOND.

## SCÈNE I.
### LÉONTINE, EUDOXE.

LÉONTINE.
Voilà ce que j'ai craint de son ame enflammée.
EUDOXE.
S'il m'eût caché son sort il m'auroit mal aimée.
LÉONTINE.
Avec trop d'imprudence il vous l'a révélé.
Vous êtes fille, Eudoxe, et vous avez parlé.
Vous n'avez pu savoir cette grande nouvelle
Sans la dire à l'oreille à quelque ame infidèle,
A quelque esprit léger ou de votre heur jaloux,
A qui ce grand secret a pesé comme à vous.
C'est par là qu'il est su, c'est par là qu'on publie
Ce prodige étonnant d'Héraclius en vie ;
C'est par là qu'un tyran, plus instruit que troublé
De l'ennemi secret qui l'auroit accablé,
Ajoutera bientôt sa mort à tant de crimes,
Et se sacrifiera pour nouvelles victimes
Ce prince dans son sein pour son fils élevé,
Vous qu'adore son ame et moi qui l'ai sauvé.
Voyez combien de maux pour n'avoir su vous taire.
EUDOXE.
Madame, mon respect souffre tout d'une mère,
Qui, pour peu qu'elle veuille écouter la raison,
Ne m'accusera plus de cette trahison :
Car c'en est une enfin bien digne de supplice

Qu'avoir d'un tel secret donné le moindre indice.
### LÉONTINE.
Et qui donc aujourd'hui le fait connoître à tous ?
Est-ce le prince ou moi ?
### EUDOXE.
Ni le prince ni vous.
De grâce, examinez ce bruit qui vous alarme.
On dit qu'il est en vie, et son nom seul les charme :
On ne dit point comment vous trompâtes Phocas,
Livrant un de vos fils pour ce prince au trépas,
Ni comme après, du sien étant la gouvernante,
Par une tromperie encor plus importante
Vous en fîtes l'échange, et, prenant Martian,
Vous laissâtes pour fils ce prince à son tyran :
En sorte que le sien passe ici pour mon frère,
Cependant que de l'autre il croit être le père,
Et voit en Martian Léonce, qui n'est plus,
Tandis que sous ce nom il aime Héraclius.
On diroit tout cela si, par quelque imprudence,
Il m'étoit échappé d'en faire confidence :
Mais pour toute nouvelle on dit qu'il est vivant ;
Aucun n'ose pousser l'histoire plus avant.
Comme ce sont pour tous des routes inconnues,
Il semble à quelques-uns qu'il doit tomber des nues ;
Et j'en sais tel qui croit, dans sa simplicité,
Que pour punir Phocas Dieu l'a ressuscité.
Mais le voici.

## SCÈNE II.

### HÉRACLIUS, LÉONTINE, EUDOXE.

#### HÉRACLIUS.
Madame, il n'est plus temps de taire
D'un si profond secret le dangereux mystère ;

Le tyran, alarmé du bruit qui le surprend,
Rend ma crainte trop juste et le péril trop grand :
Non que de ma naissance il fasse conjecture ;
Au contraire il prend tout pour grossière imposture,
Et me connoît si peu que pour la renverser
A l'hymen qu'il souhaite il prétend me forcer.
Il m'oppose à mon nom qui le vient de surprendre :
Je suis fils de Maurice, il m'en veut faire gendre,
Et s'acquérir les droits d'un prince si chéri
En me donnant moi-même à ma sœur pour mari.
En vain nous résistons à son impatience,
Elle par haine aveugle, et moi par connoissance ;
Lui, qui ne conçoit rien de l'obstacle éternel
Qu'oppose la nature à ce nœud criminel,
Menace Pulchérie au refus obstinée,
Lui propose à demain la mort ou l'hyménée.
J'ai fait pour le fléchir un inutile effort :
Pour éviter l'inceste elle n'a que la mort.
Jugez s'il n'est pas temps de montrer qui nous sommes,
De cesser d'être fils du plus méchant des hommes,
D'immoler mon tyran aux périls de ma sœur,
Et de rendre à mon père un juste successeur.

LÉONTINE.

Puisque vous ne craignez que sa mort ou l'inceste,
Je rends grâces, seigneur, à la bonté céleste
De ce qu'en ce grand bruit le sort nous est si doux
Que nous n'avons encor rien à craindre pour vous.
Votre courage seul nous donne lieu de craindre :
Modérez-en l'ardeur, daignez vous y contraindre ;
Et puisque aucun soupçon ne dit rien à Phocas,
Soyez encor son fils, et ne vous montrez pas.
De quoi que ce tyran menace Pulchérie,
J'aurai trop de moyens d'arrêter sa furie,
De rompre cet hymen ou de le retarder,
Pourvu que vous vouliez ne vous point hasarder.

Répondez-moi de vous, et je vous réponds d'elle.
### HÉRACLIUS.
Jamais l'occasion ne s'offrira si belle.
Vous voyez un grand peuple à demi révolté
Sans qu'on sache l'auteur de cette nouveauté.
Il semble que de Dieu la main appesantie,
Se faisant du tyran l'effroyable partie,
Veuille avancer par là son juste châtiment;
Que par un si grand bruit semé confusément
Il dispose les cœurs à prendre un nouveau maître,
Et presse Héraclius de se faire connoître.
C'est à nous de répondre à ce qu'il en prétend :
Montrons Héraclius au peuple qui l'attend;
Evitons le hasard qu'un imposteur l'abuse,
Et qu'après s'être armé d'un nom que je refuse,
De mon trône à Phocas sous ce titre arraché,
Il puisse me punir de m'être trop caché.
Il ne sera pas temps, madame, de lui dire
Qu'il me rende mon nom, ma naissance et l'empire
Quand il se prévaudra de ce nom déjà pris
Pour me joindre au tyran dont je passe pour fils.
### LÉONTINE.
Sans vous donner pour chef à cette populace,
Je romprai bien encor ce coup, s'il vous menace.
Mais gardons jusqu'au bout ce secret important;
Fiez-vous plus à moi qu'à ce peuple inconstant.
Ce que j'ai fait pour vous depuis votre naissance
Semble digne, seigneur, de cette confiance :
Je ne laisserai point mon ouvrage imparfait;
Et bientôt mes desseins auront un plein effet :
Je punirai Phocas, je vengerai Maurice :
Mais aucun n'aura part à ce grand sacrifice;
J'en veux toute la gloire, et vous me la devez :
Vous régnerez par moi si par moi vous vivez.
Laissez entre mes mains mûrir vos destinées,

Et ne hasardez point le fruit de vingt années.
####### EUDOXE.
Seigneur, si votre amour peut écouter mes pleurs,
Ne vous exposez point au dernier des malheurs.
La mort de ce tyran, quoique trop légitime,
Aura dedans vos mains l'image d'un grand crime :
Le peuple pour miracle osera maintenir
Que le ciel par son fils l'aura voulu punir ;
Et sa haine obstinée après cette chimère
Vous croira parricide en vengeant votre père ;
La vérité n'aura ni le nom ni l'effet
Que d'un adroit mensonge à couvrir ce forfait ;
Et d'une telle erreur l'ombre sera trop noire
Pour ne pas obscurcir l'éclat de votre gloire.
Je sais bien que l'ardeur de venger vos parens...
####### HÉRACLIUS.
Vous en êtes aussi, madame, et je me rends ;
Je n'examine rien, et n'ai pas la puissance
De combattre l'amour et la reconnoissance.
Le secret est à vous, et je serois ingrat
Si sans votre congé j'osois en faire éclat,
Puisque sans votre aveu toute mon aventure
Passeroit pour un songe ou pour une imposture.
Je dirai plus ; l'empire est plus à vous qu'à moi,
Puisqu'à Léonce mort tout entier je le doi :
C'est le prix de son sang, c'est pour y satisfaire
Que je rends à la sœur ce que je tiens du frère.
Non que pour m'acquitter par cette élection
Mon devoir ait forcé mon inclination :
Il présenta mon cœur aux yeux qui le charmèrent,
Il prépara mon ame au feu qu'ils allumèrent ;
Et ces yeux tout divins, par un soudain pouvoir,
Achevèrent sur moi l'effet de ce devoir.
Oui, mon cœur, chère Eudoxe, à ce trône n'aspire
Que pour vous voir bientôt maîtresse de l'empire.

Je ne me suis voulu jeter dans le hasard
Que par la seule soif de vous en faire part;
C'étoit là tout mon but. Pour éviter l'inceste
Je n'ai qu'à m'éloigner de ce climat funeste ;
Mais si je me dérobe au rang qui vous est dû,
Ce sera par moi seul que vous l'aurez perdu;
Seul je vous ôterai ce que je vous dois rendre :
Disposez des moyens et du temps de le prendre,
Quand vous voudrez régner faites-m'en possesseur.
Mais comme enfin j'ai lieu de craindre pour ma sœur.
Tirez-la dans ce jour de ce péril extrême,
Ou demain je ne prends conseil que de moi-même.

LÉONTINE.

Reposez-vous sur moi, seigneur, de tout son sort,
Et n'en appréhendez ni l'hymen ni la mort.

## SCÈNE III.

### LÉONTINE, EUDOXE.

LÉONTINE.

Ce n'est plus avec vous qu'il faut que je déguise ;
A ne vous rien cacher son amour m'autorise :
Vous saurez les desseins de tout ce que j'ai fait,
Et pourrez me servir à presser leur effet.
Notre vrai Martian adore la princesse :
Animons toutes deux l'amant pour la maîtressse ;
Faisons que son amour nous venge de Phocas,
Et de son propre fils arme pour nous le bras.
Si j'ai pris soin de lui, si je l'ai laissé vivre,
Si je perdis Léonce, et ne le fis pas suivre,
Ce fut sur l'espoir seul qu'un jour pour s'agrandir
A ma pleine vengeance il pourroit s'enhardir.
Je ne l'ai conservé que pour ce parricide.

#### EUDOXE.

Ah ! madame !

#### LÉONTINE.

Ce mot déjà vous intimide !
C'est à de telles mains qu'il nous faut recourir ;
C'est par là qu'un tyran est digne de périr ;
Et le courroux du ciel pour en purger la terre
Nous doit un parricide au refus du tonnerre.
C'est à nous qu'il remet de l'y précipiter ;
Phocas le commettra s'il le peut éviter,
Et nous immolerons au sang de votre frère
Le père par le fils, ou le fils par le père.
L'ordre est digne de nous, le crime est digne d'eux :
Sauvons Héraclius au péril de tous deux.

#### EUDOXE.

Je sais qu'un parricide est digne d'un tel père :
Mais faut-il qu'un tel fils soit en péril d'en faire ?
Et, sachant sa vertu, pouvez-vous justement
Abuser jusque là de son aveuglement ?

#### LÉONTINE.

Dans le fils d'un tyran l'odieuse naissance
Mérite que l'erreur arrache l'innocence,
Et que, de quelque éclat qu'il se soit revêtu,
Un crime qu'il ignore en souille la vertu.

## SCÈNE IV.

### LÉONTINE, EUDOXE, UN PAGE.

#### LE PAGE.

Exupère, madame, est là qui vous demande.

#### LÉONTINE.

Exupère ! A ce nom que ma surprise est grande !
Qu'il entre. A quel dessein vient-il parler à moi,
Lui que je ne vois point, qu'à peine je connoi ?

Dans l'ame il hait Phocas, qui s'immola son père;
Et sa venue ici cache quelque mystère.
Je vous l'ai déjà dit, votre langue nous perd.

## SCÈNE V.

### EXUPÈRE, LÉONTINE, EUDOXE.

EXUPÈRE.
Madame, Héraclius vient d'être découvert.
LÉONTINE à Eudoxe.
Eh bien !
EUDOXE.
Si...
LÉONTINE.
(A Eudoxe.)   (A Exupère.)
Taisez-vous... Depuis quand !
EXUPÈRE.
Tout à l'heure.
LÉONTINE.
Et déjà l'empereur a commandé qu'il meure ?
EXUPÈRE.
Le tyran est bien loin de s'en voir éclairci.
LÉONTINE.
Comment ?
EXUPÈRE.
Ne craignez rien, madame, le voici.
LÉONTINE.
Je ne vois que Léonce.
EXUPÈRE.
Ah ! quittez l'artifice.

## SCÈNE VI.
MARTIAN, LÉONTINE, EXUPÈRE, EUDOXE.

MARTIAN.

Madame, dois-je croire un billet de Maurice ?
Voyez si c'est sa main ou s'il est contrefait ;
Dites s'il me détrompe ou m'abuse en effet,
Si je suis votre fils ou s'il étoit mon père :
Vous en devez connoître encor le caractère.

LÉONTINE lit le billet.

Léontine a trompé Phocas,
Et, livrant pour mon fils un des siens au trépas,
Dérobe à sa fureur l'héritier de l'empire.
O vous qui me restez de fidèles sujets,
Honorez son grand zèle, appuyez ses projets.
Sous le nom de Léonce Héraclius respire.

MAURICE.

(Elle rend le billet à Exupère.)

Seigneur, il vous dit vrai ; vous étiez en mes mains
Quand on ouvrit Byzance au pire des humains.
Maurice m'honora de cette confiance ;
Mon zèle y répondit par-delà sa croyance.
Le voyant prisonnier et ses quatre autres fils,
Je cachai quelques jours ce qu'il m'avoit commis ;
Mais enfin, toute prête à me voir découverte,
Ce zèle sur mon sang détourna votre perte.
J'allai pour vous sauver vous offrir à Phocas ;
Mais j'offris votre nom, et ne vous donnai pas.
La généreuse ardeur de sujette fidèle
Me rendit pour mon prince à moi-même cruelle ;
Mon fils fut pour mourir le fils de l'empereur.
J'éblouis le tyran, je trompai sa fureur ;

Léonce au lieu de vous lui servit de victime.

(Elle fait un soupir.)

Ah! pardonnez de grâce; il m'échappe sans crime.
J'ai pris pour vous sa vie, et lui rends un soupir;
Ce n'est pas trop, seigneur, pour un tel souvenir :
A cet illustre effort par mon devoir réduite,
J'ai dompté la nature, et ne l'ai pas détruite.
Phocas, ravi de joie à cette illusion,
Me combla de faveurs avec profusion,
Et nous fit de sa main cette haute fortune
Dont il n'est pas besoin que je vous importune.
Voilà ce que mes soins vous laissoient ignorer;
Et j'attendois, seigneur, à vous le déclarer
Que par vos grands exploits votre rare vaillance
Pût faire à l'univers croire votre naissance,
Et qu'une occasion pareille à ce grand bruit
Nous pût de son aveu promettre quelque fruit.
Car comme j'ignorois que notre grand monarque
En eût pu rien savoir ou laisser quelque marque,
Je doutois qu'un secret n'étant su que de moi
Sous un tyran si craint pût trouver quelque foi.

EXUPÈRE.

Comme sa cruauté pour mieux gêner Maurice
Le forçoit de ses fils à voir le sacrifice,
Ce prince vit l'échange et l'alloit empêcher;
Mais l'acier des bourreaux fut plus prompt à trancher:
La mort de votre fils arrêta cette envie,
Et prévint d'un moment le refus de sa vie.
Maurice, à quelque espoir se laissant lors flatter,
S'en ouvrit à Félix, qui vint le visiter,
Et trouva les moyens de lui donner ce gage
Qui vous en pût un jour rendre un plein témoignage.
Félix est mort, madame, et naguère en mourant
Il remit ce dépôt à son plus cher parent;

## ACTE II, SCÈNE VI.

Et m'ayant tout conté, « Tiens, dit-il, Exupére,
   Sers ton prince, et venge ton père. »
Armé d'un tel secret, seigneur, j'ai voulu voir
Combien parmi le peuple il auroit de pouvoir :
J'ai fait semer ce bruit sans vous faire connoître ;
Et, voyant tous les cœurs vous souhaiter pour maître,
J'ai ligué du tyran les secrets ennemis,
Mais sans leur découvrir plus qu'il ne m'est permis.
Ils aiment votre nom sans savoir davantage,
Et cette seule joie anime leur courage
Sans qu'autres que les deux qui vous parloient là-bas
De tout ce qu'elle a fait sachent plus que Phocas.
Vous venez de savoir ce que vous vouliez d'elle ;
C'est à vous de répondre à son généreux zèle.
Le peuple est mutiné, nos amis assemblés,
Le tyran effrayé, ses confidens troublés ;
Donnez l'aveu du prince à sa mort qu'on apprête
Et ne dédaignez pas d'ordonner de sa tête.

### MARTIAN.

Surpris des nouveautés d'un tel événement,
Je demeure à vos yeux muet d'étonnement.
Je sais ce que je dois, madame, au grand service
Dont vous avez sauvé l'héritier de Maurice.
Je croyois comme fils devoir tout à vos soins,
Et je vous dois bien plus lorsque je vous suis moins :
Mais pour vous expliquer toute ma gratitude
Mon ame a trop de trouble et trop d'inquiétude.
J'aimois, vous le savez, et mon cœur enflammé
Trouve enfin une sœur dedans l'objet aimé.
Je perds une maîtresse en gagnant un empire ;
Mon amour en murmure et mon cœur en soupire ;
Et de mille pensers mon esprit agité
Paroît enseveli dans la stupidité.
Il est temps d'en sortir, l'honneur nous le commande.

Il faut donner un chef à votre illustre bande :
Allez, brave Exupère, allez, je vous rejoins ;
Souffrez que je lui parle un moment sans témoins.
Disposez cependant vos amis à bien faire :
Surtout sauvons le fils en immolant le père ;
Il n'eut rien du tyran qu'un peu de mauvais sang,
Dont la dernière guerre a trop purgé son flanc.

EXUPÈRE.

Nous vous rendrons, seigneur, entière obéissance,
Et vous allons attendre avec impatience.

## SCÈNE VII.

### MARTIAN, LÉONTINE, EUDOXE.

MARTIAN.

Madame, pour laisser toute sa dignité
A ce dernier effort de générosité
Je crois que les raisons que vous m'avez données
M'en ont seules caché le secret tant d'années.
D'autres soupçonneroient qu'un peu d'ambition,
Du prince Martian voyant la passion,
Pour lui voir sur le trône élever votre fille,
Auroit voulu laisser l'empire en sa famille,
Et me faire trouver un tel destin bien doux
Dans l'éternelle erreur d'être sorti de vous ;
Mais je tiendrois à crime une telle pensée.
Je me plains seulement d'une ardeur insensée,
D'un détestable amour que pour ma propre sœur
Vous-même vous avez allumé dans mon cœur.
Quel dessein faisiez-vous sur cet aveugle inceste ?

LÉONTINE.

Je vous aurois tout dit avant ce nœud funeste ;
Et je le craignois peu, trop sûre que Phocas
Ayant d'autres desseins ne le souffriroit pas.

Je voulois donc, seigneur, qu'une flamme si belle
Portât votre courage aux vertus dignes d'elle,
Et que, votre valeur l'ayant su mériter,
Le refus du tyran vous pût mieux irriter.
Vous n'avez pas rendu mon espérance vaine :
J'ai vu dans votre amour une source de haine ;
Et j'ose dire encor qu'un bras si renommé
Peut-être auroit moins fait si le cœur n'eût aimé.
Achevez donc, seigneur ; et puisque Pulchérie
Doit craindre l'attentat d'une aveugle furie...

MARTIAN.

Peut-être il vaudroit mieux moi-même la porter
A ce que le tyran témoigne en souhaiter.
Son amour qui pour moi résiste à sa colère
N'y résistera plus quand je serai son frère.
Pourrois-je lui trouver un plus illustre époux ?

LÉONTINE.

Seigneur, qu'allez-vous faire ? et que me dites-vous ?

MARTIAN.

Que peut-être pour rompre un si digne hyménée
J'expose à tort sa tête avec ma destinée,
Et fais d'Héraclius un chef de conjurés
Dont je vois les complots encor mal assurés.
Aucun d'eux du tyran n'approche la personne ;
Et quand même l'issue en pourroit être bonne,
Peut-être il m'est honteux de reprendre l'état
Par l'infâme succès d'un lâche assassinat.
Peut-être il vaudroit mieux en tête d'une armée
Faire parler pour moi toute ma renommée,
Et trouver à l'empire un chemin glorieux
Pour venger mes parens d'un bras victorieux.
C'est dont je vais résoudre avec cette princesse,
Pour qui non plus l'amour, mais le sang m'intéresse.
Vous, avec votre Eudoxe....

LEONTINE.
Ah! seigneur, écoutez.
MARTIAN.
J'ai besoin de conseils dans ces difficultés :
Mais à parler sans fard, pour écouter les vôtres,
Outre mes intérêts vous en avez trop d'autres.
Je ne soupçonne point vos vœux ni votre foi ;
Mais je ne veux d'avis que d'un cœur tout à moi.
Adieu.

## SCÈNE VIII.

### LÉONTINE, EUDOXE.

LÉONTINE.
Tout me confond, tout me devient contraire.
Je ne fais rien du tout quand je pense tout faire ;
Et lorsque le hasard me flatte avec excès
Tout mon dessein avorte au milieu du succès :
Il semble qu'un démon funeste à sa conduite
Des beaux commencemens empoisonne la suite.
Ce billet dont je vois Martian abusé
Fait plus en ma faveur que je n'aurois osé ;
Il arme puissamment le fils contre le père :
Mais comme il a levé le bras en qui j'espère,
Sur le point de frapper je vois avec regret
Que la nature y forme un obstacle secret.
La vérité le trompe, et ne peut le séduire ;
Il sauve en reculant ce qu'il croit mieux détruire :
Il doute ; et du côté que je le vois pencher
Il va presser l'inceste au lieu de l'empêcher.
EUDOXE.
Madame, pour le moins vous avez connoissance
De l'auteur de ce bruit et de mon innocence.
Mais je m'étonne fort de voir à l'abandon

Du prince Héraclius les droits avec le nom.
Ce billet, confirmé par votre témoignage,
Pour monter dans le trône est un grand avantage.
Si Martian le peut sous ce titre occuper,
Pensez-vous qu'il se laisse aisément détromper,
Et qu'au premier moment qu'il vous verra dédire
Aux mains de son vrai maître il remette l'empire ?

LÉONTINE.

Vous êtes curieuse, et voulez trop savoir.
N'ai-je pas déjà dit que j'y saurai pourvoir ?
Tâchons sans plus tarder à revoir Exupère,
Pour prendre en ce désordre un conseil salutaire.

# ACTE TROISIÈME.

## SCÈNE I.

### MARTIAN, PULCHÉRIE.

MARTIAN.

Je veux bien l'avouer, madame, car mon cœur
A de la peine encore à vous nommer ma sœur,
Quand, malgré ma fortune à vos pieds abaissée,
J'osai jusques à vous élever ma pensée,
Plus plein d'étonnement que de timidité,
J'interrogeois ce cœur sur sa témérité ;
Et dans ses mouvemens pour secrète réponse
Je sentois quelque chose au dessus de Léonce,
Dont malgré ma raison l'impérieux effort
Emportoit mes désirs au-delà de mon sort.

PULCHÉRIE.

Moi-même assez souvent j'ai senti dans mon ame
Ma naissance en secret me reprocher ma flamme.
Mais quoi! l'impératrice, à qui je dois le jour,
Avoit innocemment fait naître cet amour.
J'approchois de quinze ans alors qu'empoisonnée
Pour avoir contredit mon indigne hyménée
Elle mêla ces mots à ses derniers soupirs :
« Le tyran veut surprendre ou forcer vos désirs,
Ma fille; et sa fureur à son fils vous destine ;
Mais prenez un époux des mains de Léontine;
Elle garde un trésor qui vous sera bien cher. »
Cet ordre en sa faveur me sut si bien toucher

Qu'au lieu de la haïr d'avoir livré mon frère
J'en tins le bruit pour faux : elle me devint chère ;
Et, confondant ces mots de trésor et d'époux,
Je crus les bien entendre, expliquant tout de vous :
J'opposois de la sorte à ma fière naissance
Les favorables lois de mon obéissance ;
Et je m'imputois même à trop de vanité
De trouver entre nous quelque inégalité.
La race de Léonce étant patricienne,
L'éclat de vos vertus l'égaloit à la mienne ;
Et je me laissois dire en mes douces erreurs :
« C'est de pareils héros qu'on fait les empereurs ;
Tu peux bien sans rougir aimer un grand courage
A qui le monde entier peut rendre un juste hommage.
J'écoutois sans dédain ce qui m'autorisoit ;
L'amour pensoit le dire, et le sang le disoit ;
Et de ma passion la flatteuse imposture
S'emparoit dans mon cœur des droits de la nature.

MARTIAN.

Ah ! ma sœur, puisque enfin mon destin éclairci
Veut que je m'accoutume à vous nommer ainsi,
Qu'aisément l'amitié jusqu'à l'amour nous mène !
C'est un penchant si doux qu'on y tombe sans peine :
Mais quand il faut changer l'amour en amitié,
Que l'ame qui s'y force est digne de pitié !
Et qu'on doit plaindre un cœur qui, n'osant s'en défendre,
Se laisse déchirer avant que de se rendre !
Ainsi donc la nature à l'espoir le plus doux
Fait succéder l'horreur, et l'horreur d'être à vous !
Ce que je suis m'arrache à ce que j'aimois d'être !
Ah ! s'il m'étoit permis de ne me pas connoître,
Qu'un si charmant abus seroit à préférer
A l'âpre vérité qui vient de m'éclairer !

PULCHÉRIE.

J'eus pour vous trop d'amour pour ignorer ses forces.
Je sais quelle amertume aigrit de tels divorces ;
Et la haine à mon gré les fait plus doucement
Que quand il faut aimer, mais aimer autrement.
J'ai senti comme vous une douleur bien vive
En brisant les beaux fers qui me tenoient captive ;
Mais j'en condamnerois le plus doux souvenir
S'il avoit à mon cœur coûté plus d'un soupir.
Ce grand coup m'a surprise, et ne m'a point troublée ;
Mon ame l'a reçu sans en être accablée ;
Et comme tous mes feux n'avoient rien que de saint,
L'honneur les alluma, le devoir les éteint.
Je ne vois plus d'amant ou je rencontre un frère ;
L'un ne me peut toucher, ni l'autre me déplaire ;
Et je tiendrai toujours mon bonheur infini
Si les miens sont vengés et le tyran puni.
Vous que va sur le trône élever la naissance,
Régnez sur votre cœur avant que sur Byzance ;
Et, domptant comme moi ce dangereux mutin,
Commencez à répondre à ce noble destin.

MARTIAN.

Ah ! vous fûtes toujours l'illustre Pulchérie,
En fille d'empereur dès le berceau nourrie ;
Et ce grand nom sans peine a pu vous enseigner
Comment dessus vous-même il vous falloit régner ;
Mais pour moi qui, caché sous une autre aventure,
D'une ame plus commune ai pris quelque teinture,
Il n'est pas merveilleux si ce que je me crus
Mêle un peu de Léonce au cœur d'Héraclius.
A mes confus regrets soyez donc moins sévère ;
C'est Léonce qui parle, et non pas votre frère :
Mais si l'un parle mal l'autre va bien agir,
Et l'un ni l'autre enfin ne vous fera rougir.

Je vais des conjurés embrasser l'entreprise,
Puisqu'une ame si haute à frapper m'autorise,
Et tient que pour répandre un si coupable sang
L'assassinat est noble et digne de mon rang.
Pourrai-je cependant vous faire une prière ?
### PULCHÉRIE.
Prenez sur Pulchérie une puissance entière.
### MARTIAN.
Puisqu'un amant si cher ne peut plus être à vous,
Ni vous mettre l'empire en la main d'un époux,
Epousez Martian comme un autre moi-même;
Ne pouvant être à moi, soyez à ce que j'aime.
### PULCHÉRIE.
Ne pouvant être à vous, je pourrois justement
Vouloir n'être à personne, et fuir tout autre amant;
Mais on pourroit nommer cette fermeté d'ame
Un reste mal éteint d'incestueuse flamme.
Afin donc qu'à ce choix j'ose tout accorder,
Soyez mon empereur pour me le commander.
Martian vaut beaucoup, sa personne m'est chère ;
Mais purgez sa vertu des crimes de son pére,
Et donnez à mes feux pour légitime objet
Dans le fils du tyran votre premier sujet.
### MARTIAN.
Vous le voyez, j'y cours ; mais enfin s'il arrive
Que l'issue en devienne ou funeste ou tardive,
Votre perte est jurée ; et d'ailleurs nos amis
Au tyran immolé voudront joindre ce fils.
Sauvez d'un tel péril et sa vie et la vôtre ;
Par cet heureux hymen conservez l'un et l'autre ;
Garantissez ma sœur des fureurs de Phocas,
Et mon ami de suivre un tel pére au trépas.
Faites qu'en ce grand jour la troupe d'Exupére
Dans un sang odieux respecte mon beau-frère ;

Et donnez au tyran, qui n'en pourra jouir,
Quelques momens de joie afin de l'éblouir.

PULCHÉRIE.

Mais durant ces momens, unie à sa famille,
Il deviendra mon père, et je serai sa fille;
Je lui devrai respect, amour, fidélité;
Ma haine n'aura plus d'impétuosité;
Et tous mes vœux pour vous seront mous et timides
Quand mes vœux contre lui seront des parricides.
Outre que le succès est encore à douter,
Que l'on peut vous trahir, qu'il peut vous résister;
Si vous y succombez, pourrai-je me dédire
D'avoir porté chez lui les titres de l'empire?
Ah! combien ces momens de quoi vous me flattez
Alors pour mon supplice auroient d'éternités!
Votre haine voit peu l'erreur de sa tendresse;
Comme elle vient de naître, elle n'est que foiblesse:
La mienne a plus de force et les yeux mieux ouverts;
Et, se dût avec moi perdre tout l'univers,
Jamais un seul moment, quoi que l'on puisse faire,
Le tyran n'aura droit de me traiter de père.
Je ne refuse au fils ni mon cœur ni ma foi:
Vous l'aimez, je l'estime, il est digne de moi:
Tout son crime est un père à qui le sang l'attache;
Quand il n'en aura plus il n'aura plus de tache:
Et cette mort, propice à former ces beaux nœuds,
Purifiant l'objet, justifiera mes feux.
Allez donc préparer cette heureuse journée:
Et du sang du tyran signez cet hyménée.
Mais quel mauvais démon devers nous le conduit?

MARTIAN.

Je suis trahi, madame : Exupère le suit.

## SCÈNE II.
PHOCAS, EXUPÈRE, AMINTAS, MARTIAN, PULCHÉRIE, CRISPE.

PHOCAS.
Quel est votre entretien avec cette princesse ?
Des noces que je veux ?

MARTIAN.
C'est de quoi je la presse.

PHOCAS.
Et vous l'avez gagnée en faveur de mon fils ?

MARTIAN.
Il sera son époux, elle me l'a promis.

PHOCAS.
C'est beaucoup obtenu d'une ame si rebelle.
Mais quand ?

MARTIAN.
C'est un secret que je n'ai pas su d'elle.

PHOCAS.
Vous pouvez m'en dire un dont je suis plus jaloux.
On dit qu'Héraclius est fort connu de vous :
Si vous aimez mon fils, faites-le-moi connoître.

MARTIAN.
Vous le connoissez trop puisque je vois ce traître.

EXUPÈRE.
Je sers mon empereur, et je sais mon devoir.

MARTIAN.
Chacun te l'avouera : tu le fais assez voir.

PHOCAS.
De grâce, éclaircissez ce que je vous propose :
Ce billet à demi m'en dit bien quelque chose :
Mais, Léonce, c'est peu si vous ne l'achevez.

###### MARTIAN.

Nommez-mo par mon nom, puisque vous le savez :
Dites Héraclius, il n'est plus de Léonce :
Et j'entends mon arrêt sans qu'on me le prononce.

###### PHOCAS.

Tu peux bien t'y résoudre après ton vain effort
Pour m'arracher le sceptre et conspirer ma mort.

###### MARTIAN.

J'ai fait ce que j'ai dû. Vivre sous ta puissance
C'eût été démentir mon nom et ma naissance,
Et ne point écouter le sang de mes parens,
Qui ne crie en mon cœur que la mort des tyrans.
Quiconque pour l'empire eut la gloire de naître
Renonce à cet honneur s'il peut souffrir un maître :
Hors le trône et la mort il doit tout dédaigner :
C'est un lâche s'il n'ose ou se perdre ou régner.
J'entends donc mon arrêt sans qu'on me le prononce.
Héraclius mourra comme a vécu Léonce,
Bon sujet, meilleur prince : et ma vie et ma mort
Rempliront dignement et l'un et l'autre sort.
La mort n'a rien d'affreux pour une ame bien née :
A mes côtés pour toi je l'ai cent fois traînée :
Et mon dernier exploit contre tes ennemis
Fut d'arrêter son bras qui tomboit sur ton fils.

###### PHOCAS.

Tu prends pour me toucher un mauvais artifice.
Héraclius n'eut point de part à ce service :
J'en ai payé Léonce, à qui seul étoit dû
L'inestimable honneur de me l'avoir rendu.
Mais, sous des noms divers à soi-même contraire,
Qui conserva le fils attente sur le père,
Et, se désavouant d'un aveugle secours,
Sitôt qu'il se connoît il en veut à mes jours.
Je te devois sa vie, et je me dois justice.

Léonce est effacé par le fils de Maurice.
Contre un tel attentat rien n'est à balancer;
Et je saurai punir comme récompenser.

MARTIAN.

Je sais trop qu'un tyran est sans reconnoissance
Pour en avoir conçu la honteuse espérance;
Et suis trop au dessus de cette indignité
Pour te vouloir piquer de générosité.
Que ferois-tu pour moi de me laisser la vie
Si pour moi sans le trône elle n'est qu'infamie ?
Héraclius vivroit pour te faire la cour !
Rends-lui, rends-lui son sceptre, ou prive-le du jour.
Pour ton propre intérêt sois juge incorruptible :
Ta vie avec la sienne est trop incompatible ;
Un si grand ennemi ne peut être gagné,
Et je te punirois de m'avoir épargné.
Si de ton fils sauvé j'ai rappelé l'image
J'ai voulu de Léonce étaler le courage,
Afin qu'en le voyant tu ne doutasses plus
Jusques où doit aller celui d'Héraclius.
Je me tiens plus heureux de périr en monarque
Que de vivre en éclat sans en porter la marque ;
Et puisque pour jouir d'un si glorieux sort
Je n'ai que ce moment qu'on destine à ma mort,
Je la rendrai si belle et si digne d'envie
Que ce moment vaudra la plus illustre vie.
M'y faisant donc conduire, assure ton pouvoir,
Et délivre mes yeux de l'horreur de te voir.

PHOCAS.

Nous verrons la vertu de cette ame hautaine.
Faites-le retirer en la chambre prochaine,
Crispe; et qu'on me l'y garde, attendant que mon choix
Pour punir son forfait vous donne d'autres lois.

MARTIAN à Pulchérie.

Adieu, madame, adieu. Je n'ai pu davantage.
Ma mort vous va laisser encor dans l'esclavage :
Le ciel par d'autres mains vous en daigne affranchir!

## SCÈNE III.

**PHOCAS, PULCHÉRIE, EXUPÈRE, AMINTAS**

PHOCAS.

Et toi, n'espère pas désormais me fléchir.
Je tiens Héraclius, et n'ai plus rien à craindre,
Plus lieu de te flatter, plus lieu de me contraindre.
Ce frère et ton espoir vont entrer au cercueil,
Et j'abattrai d'un coup sa tête et ton orgueil.
Mais ne te contrains point dans ces rudes alarmes ;
Laisse aller tes soupirs, laisse couler tes larmes.

PULCHÉRIE.

Moi pleurer! moi gémir, tyran ! J'aurois pleuré
Si quelques lâchetés l'avoient déshonoré,
S'il n'eût pas emporté sa gloire tout entière,
S'il m'avoit fait rougir par la moindre prière,
Si quelque infâme espoir qu'on lui dût pardonner
Eût mérité la mort que tu lui vas donner.
Sa vertu jusqu'au bout ne s'est point démentie ;
Il n'a point pris le ciel ni le sort à partie,
Point querellé le bras qui fait ces lâches coups,
Point daigné contre lui perdre un juste courroux.
Sans te nommer ingrat, sans trop le nommer traître,
De tous deux, de soi-même il s'est montré le maître ;
Et dans cette surprise il a bien su courir
A la nécessité qu'il voyoit de mourir.
Je goûtois cette joie en un sort si contraire.
Je l'aimai comme amant, je l'aime comme frère ;
Et dans ce grand revers je l'ai vu hautement

Digne d'être mon frère et d'être mon amant.
### PHOCAS.
Explique, explique mieux le fond de ta pensée;
Et, sans plus te parer d'une vertu forcée,
Pour apaiser le père offre le cœur au fils
Et tâche à racheter ce cher frère à ce prix.
### PULCHÉRIE.
Crois-tu que sur la foi de tes fausses promesses
Mon ame ose descendre à de telles bassesses?
Prends mon sang pour le sien; mais s'il y faut mon cœur
Périsse Héraclius avec sa triste sœur!
### PHOCAS.
Eh bien! il va périr; ta haine en est complice.
### PULCHÉRIE.
Et je verrai du ciel bientôt choir ton supplice.
Dieu, pour le réserver à ses puissantes mains,
Fait avorter exprès tous les moyens humains;
Il veut frapper le coup sans notre ministère.
Si l'on t'a bien donné Léonce pour mon frère,
Les quatre autres peut-être à tes yeux abusés
Ont été comme lui des césars supposés.
L'état, qui dans leur mort voyoit trop sa ruine,
Avoit des généreux autres que Léontine;
Ils trompoient d'un barbare aisément la fureur,
Qui n'avoit jamais vu la cour ni l'empereur.
Crains, tyran, crains encor: tous les quatre peut-être
L'un après l'autre enfin se vont faire paroître;
Et malgré tous tes soins, malgré tout ton effort,
Tu ne les connoîtras qu'en recevant la mort.
Moi-même à leur défaut je serai la conquête
De quiconque à mes pieds apportera ta tête:
L'esclave le plus vil qu'on puisse imaginer
Sera digne de moi s'il peut t'assassiner.
Va perdre Héraclius, et quitte la pensée

Que je me pare ici d'une vertu forcée ;
Et, sans m'importuner de répondre à tes vœux,
Si tu prétends régner défais-toi de tous deux.

## SCÈNE IV.
### PHOCAS, EXUPÈRE, AMINTAS.

PHOCAS.

J'écoute avec plaisir ces menaces frivoles ;
Je ris d'un désespoir qui n'a que des paroles ;
Et, de quelque façon qu'elle m'ose outrager,
Le sang d'Héraclius m'en doit assez venger.
Vous donc, mes vrais amis, qui me tirez de peine,
Vous dont je vois l'amour quand j'en craignois la haine,
Vous qui m'avez livré mon secret ennemi,
Ne soyez point vers moi fidèles à demi ;
Résolvez avec moi des moyens de sa perte :
La ferons-nous secrète ou bien à force ouverte ?
Prendrons-nous le plus sûr ou le plus glorieux ?

EXUPÈRE.

Seigneur, n'en doutez point, le plus sûr vaut le mieux ;
Mais le plus sûr pour vous est que sa mort éclate,
De peur qu'en l'ignorant le peuple ne se flatte,
N'attende encor ce prince, et n'ait quelque raison
De courir en aveugle à qui prendra son nom.

PHOCAS.

Donc, pour ôter tout doute à cette populace,
Nous enverrons sa tête au milieu de la place.

EXUPÈRE.

Mais si vous la coupez dedans votre palais,
Ces obstinés mutins ne le croiront jamais ;
Et, sans que pas un d'eux à son erreur renonce,
Ils diront qu'on impute un faux nom à Léonce,
Qu'on en fait un fantôme afin de les tromper,

## ACTE III, SCÈNE IV.

Prêts à suivre toujours qui voudra l'usurper.
### PHOCAS.
Lors nous leur ferons voir ce billet de Maurice.
### EXUPÈRE.
Ils le tiendront pour faux et pour un artifice :
Seigneur, après vingt ans vous espérez en vain
Que ce peuple ait des yeux pour connoître sa main.
Si vous voulez calmer toute cette tempête
Il faut en pleine place abattre cette tête,
Et qu'il dise en mourant à ce peuple confus :
« Peuple, n'en doute point, je suis Héraclius. »
### PHOCAS.
Il le faut, je l'avoue; et déjà je destine
A ce même échafaud l'infâme Léontine.
Mais si ces insolens l'arrachent de nos mains ?
### EXUPÈRE.
Qui l'osera, seigneur ?
### PHOCAS.
       Ce peuple que tu crains.
### EXUPÈRE.
Ah ! souvenez-vous mieux des désordres qu'enfante
Dans un peuple sans chef la première épouvante.
Le seul bruit de ce prince au palais arrêté
Dispersera soudain chacun de son côté ;
Les plus audacieux craindront votre justice,
Et le reste en tremblant ira voir son supplice.
Mais ne leur donnez pas, tardant trop à punir,
Le temps de se remettre et de se réunir :
Envoyez des soldats à chaque coin des rues;
Saisissez l'Hippodrome avec ses avenues;
Dans tous les lieux publics rendez-vous le plus fort.
Pour nous, qu'un tel indice intéresse à sa mort,
De peur que d'autres mains ne se laissent séduire,
Jusques à l'échafaud laissez-nous le conduire :

Nous aurons trop d'amis pour en venir à bout;
J'en réponds sur ma tête, et j'aurai l'œil à tout.

PHOCAS.

C'en est trop, Exupère: allez, je m'abandonne
Aux fidèles conseils que votre ardeur me donne.
C'est l'unique moyen de dompter nos mutins,
Et d'éteindre à jamais ces troubles intestins.
Je vais sans différer pour cette grande affaire
Donner à tous mes chefs un ordre nécessaire.
Vous, pour répondre aux soins que vous m'avez promis,
Allez de votre part assembler vos amis;
Et croyez qu'après moi, jusqu'à ce que j'expire,
Ils seront, eux et vous, les maîtres de l'empire.

## SCÈNE V.

### EXUPÈRE, AMINTAS.

EXUPÈRE.

Nous sommes en faveur, ami; tout est à nous:
L'heur de notre destin va faire des jaloux.

AMINTAS.

Quelque allégresse ici que vous fassiez paroître,
Trouvez-vous doux les noms de perfide et de traître?

EXUPÈRE.

Je sais qu'aux généreux ils doivent faire horreur:
Ils m'ont frappé l'oreille, ils m'ont blessé le cœur;
Mais bientôt, par l'effet que nous devons attendre,
Nous serons en état de ne les plus entendre.
Allons, pour un moment qu'il faut les endurer,
Ne fuyons pas les biens qu'ils nous font espérer.

## ACTE QUATRIÈME.

### SCÈNE I.
#### HÉRACLIUS, EUDOXE.

HÉRACLIUS.
Vous avez grand sujet d'appréhender pour elle :
Phocas au dernier point la tiendra criminelle ;
Et je le connois mal, ou, s'il la peut trouver,
Il n'est moyen humain qui puisse la sauver.
Je vous plains, chère Eudoxe, et non pas votre mère.
Elle a bien mérité ce qu'a fait Exupère ;
Il trahit justement qui vouloit me trahir.

EUDOXE.
Vous croyez qu'à ce point elle ait pu vous haïr,
Vous pour qui son amour a forcé la nature ?

HÉRACLIUS.
Comment voulez-vous donc nommer son imposture?
M'empêcher d'entreprendre, et par un faux rapport
Confondre en Martian et mon nom et mon sort ;
Abuser d'un billet que le hasard lui donne ;
Attacher de sa main mes droits à sa personne,
Et le mettre en état dessous sa bonne foi
De régner en ma place ou de périr pour moi.
Madame, est-ce en effet me rendre un grand service?

EUDOXE.
Eût-elle démenti ce billet de Maurice?
Et l'eût-elle pu faire à moins que révéler
Ce que surtout alors il lui falloit celer ?

Quand Martian par là n'eût pas connu son père,
C'étoit vous hasarder sur la foi d'Exupère :
Elle en doutoit, seigneur, et par l'événement
Vous voyez que son zèle en doutoit justement.
Sûre en soi des moyens de vous rendre l'empire,
Qu'à vous-même jamais elle n'a voulu dire,
Elle a sur Martian tourné le coup fatal
De l'épreuve d'un cœur qu'elle connoissoit mal.
Seigneur, où seriez-vous sans ce nouveau service ?

HÉRACLIUS.

Qu'importe qui des deux on destine au supplice ?
Qu'importe, Martian, vu ce que je te doi,
Qui trahisse mon sort, d'Exupère ou de moi ?
Si l'on ne me découvre il faut que je m'expose ;
Et l'un et l'autre enfin ne sont que même chose,
Sinon qu'étant trahi je mourrois malheureux,
Et que m'offrant pour toi je mourrai généreux.

EUDOXE

Quoi ! pour désabuser une aveugle furie
Rompre votre destin et donner votre vie !

HÉRACLIUS.

Vous êtes plus aveugle encore en votre amour.
Périra-t-il pour moi quand je lui dois le jour ?
Et lorsque sous mon nom il se livre à sa perte
Tiendrai-je sous le sien ma fortune couverte ?
S'il s'agissoit ici de le faire empereur,
Je pourrois lui laisser mon nom et son erreur :
Mais conniver en lâche à ce nom qu'on me vole
Quand son père à mes yeux au lieu de moi l'immole !
Souffrir qu'il se trahisse aux rigueurs de mon sort !
Vivre par son supplice, et régner par sa mort !

EUDOXE.

Ah ! ce n'est pas, seigneur, ce que je vous demande ;
De cette lâcheté l'infamie est trop grande.

Montrez-vous pour sauver ce héros du trépas ;
Mais montrez-vous en maître, et ne vous perdez pas.
Rallumez cette ardeur où s'opposoit ma mère,
Garantissez le fils par la perte du père ;
Et, prenant à l'empire un chemin éclatant,
Montrez Héraclius au peuple qui l'attend.

HÉRACLIUS.

Il n'est plus temps, madame ; un autre a pris ma place.
Sa prison a rendu le peuple tout de glace.
Déjà préoccupé d'un autre Héraclius,
Dans l'effroi qui le trouble il ne me croira plus ;
Et, ne me regardant que comme un fils perfide,
Il aura de l'horreur de suivre un parricide.
Mais quand même il voudroit seconder mes desseins,
Le tyran tient déjà Martian en ses mains.
S'il voit qu'en sa faveur je marche à force ouverte,
Piqué de ma révolte, il hâtera sa perte,
Et croira qu'en m'ôtant l'espoir de le sauver
Il m'ôtera l'ardeur qui me fait soulever.
N'en parlons plus : en vain votre amour me retarde,
Le sort d'Héraclius tout entier me regarde ;
Soit qu'il faille régner, soit qu'il faille périr,
Au tombeau comme au trône on me verra courir.
Mais voici le tyran et son traître Exupère.

## SCÈNE II.

### PHOCAS, HÉRACLIUS, EXUPÈRE, EUDOXE,
#### TROUPE DE GARDES.

PHOCAS montrant Eudoxe à ses gardes.

Qu'on la tienne en lieu sûr en attendant sa mère.

HÉRACLIUS.

A-t-elle quelque part...?

PHOCAS.
Nous verrons à loisir :
Il est bon cependant de la faire saisir.
EUDOXE s'en allant.
Seigneur, ne croyez rien de ce qu'il vous va dire.
PHOCAS à Eudoxe.
Je croirai ce qu'il faut pour le bien de l'empire.

## SCÈNE III.

PHOCAS, HÉRACLIUS, EXUPÈRE, GARDES.

PHOCAS à Héraclius.
Ses pleurs pour ce coupable imploroient ta pitié ?
HÉRACLIUS.
Seigneur...
PHOCAS.
Je sais pour lui quelle est ton amitié ;
Mais je veux que toi-même, ayant bien vu son crime,
Tiennes ton zèle injuste et sa mort légitime.
Qu'on le fasse venir. Pour en tirer l'aveu
Il ne sera besoin ni du fer ni du feu :
Loin de s'en repentir l'orgueilleux en fait gloire.
Mais que me diras-tu qu'il ne me faut pas croire ?
Eudoxe m'en conjure, et l'avis me surprend.
Aurois-tu découvert quelque crime plus grand ?
HÉRACLIUS.
Oui, sa mère a plus fait contre votre service
Que ne fait Exupère et que n'a vu Maurice.
PHOCAS.
La perfide ! Ce jour lui sera le dernier.
Parle.
HÉRACLIUS.
J'acheverai devant le prisonnier :

Trouvez bon qu'un secret d'une telle importance,
Puisque vous le mandez, s'explique en sa présence.
### PHOCAS.
Le voici. Mais surtout ne me dis rien pour lui.

## SCÈNE IV.

### PHOCAS, HÉRACLIUS, MARTIAN, EXUPÈRE,
#### TROUPE DE GARDES.

### HÉRACLIUS.
Je sais qu'en ma prière il auroit peu d'appui ;
Et, loin de me donner une inutile peine,
Tout ce que je demande à votre juste haine
C'est que de tels forfaits ne soient pas impunis.
Perdez Héraclius, et sauvez votre fils :
Voilà tout mon souhait et toute ma prière.
M'en refuserez-vous ?
### PHOCAS.
          Tu l'obtiendras entière :
Ton salut en effet est douteux sans sa mort.
### MARTIAN.
Ah ! prince, j'y courois sans me plaindre du sort ;
Son indigne rigueur n'est pas ce qui me touche :
Mais en ouïr l'arrêt sortir de votre bouche !
Je vous ai mal connu jusques à mon trépas.
### HÉRACLIUS.
Et même en ce moment tu ne me connois pas.
Écoute, père aveugle, et toi, prince crédule,
Ce que l'honneur défend que plus je dissimule.
Phocas, connois ton sang et tes vrais ennemis ;
Je suis Héraclius, et Léonce est ton fils.
### MARTIAN.
Seigneur, que dites-vous ?

### HÉRACLIUS.

Que je ne puis plus taire
Que deux fois Léontine osa tromper ton père,
Et, semant de nos noms un insensible abus,
Fit un faux Martian du jeune Héraclius.

### PHOCAS.

Maurice te dément, lâche ! tu n'as qu'à lire :
« Sous le nom de Léonce Héraclius respire. »
Tu fais après cela des contes superflus.

### HÉRACLIUS.

Si ce billet fut vrai, seigneur, il ne l'est plus.
J'étois Léonce alors, et j'ai cessé de l'être
Quand Maurice immolé n'en a pu rien connoître.
S'il laissa par écrit ce qu'il avoit pu voir,
Ce qui suivit sa mort fut hors de son pouvoir.
Vous portâtes soudain la guerre dans la Perse,
Où vous eûtes, trois ans, la fortune diverse.
Cependant Léontine, étant dans le château
Reine de nos destins et de notre berceau,
Pour me rendre le sang qu'occupoit votre race
Prit Martian pour elle, et me mit en sa place.
Ce zèle en ma faveur lui succéda si bien
Que vous-même au retour vous n'en connûtes rien;
Et ces informes traits qu'à six mois a l'enfance
Ayant mis entre nous fort peu de différence,
Le foible souvenir en trois ans s'en perdit ;
Vous prîtes aisément ce qu'elle vous rendit.
Nous vécûmes tous deux sous le nom l'un de l'autre
Il passa pour son fils, je passai pour le vôtre,
Et je ne jugeois pas ce chemin criminel
Pour remonter sans meurtre au trône paternel.
Mais voyant cette erreur fatale à cette vie
Sans qui déjà la mienne auroit été ravie,
Je me croirois, seigneur, coupable infiniment

Si je souffrois encore un tel aveuglement.
Je viens reprendre un nom qui seul a fait son crime ;
Conservez votre haine, et changez de victime :
Je ne demande rien que ce qui m'est promis ;
Perdez Héraclius, et sauvez votre fils.

MARTIAN à Phocas.

Admire de quel fils le ciel t'a fait le père.
Admire quel effort sa vertu vient de faire,
Tyran ; et ne prends pas pour une vérité
Ce qu'invente pour moi sa générosité.

(A Héraclius.)

C'est trop, prince, c'est trop pour ce petit service
Dont honora mon bras ma fortune propice :
Je vous sauvai la vie, et ne la perdis pas ;
Et pour moi vous cherchez un assuré trépas !
Ah ! si vous m'en devez quelque reconnoissance,
Prince, ne m'ôtez pas l'honneur de ma naissance.
Avoir tant de pitié d'un sort si glorieux,
De crainte d'être ingrat, c'est m'être injurieux.

PHOCAS.

En quel trouble me jette une telle dispute !
A quels nouveaux malheurs m'expose-t-elle en butte !
Lequel croire, Exupère ? et lequel démentir ?
Tombé-je dans l'erreur, ou si j'en vais sortir ?
Si ce billet est vrai le reste est vraisemblable.

EXUPÈRE.

Mais qui sait si ce reste est faux ou véritable ?

PHOCAS.

Léontine deux fois a pu tromper Phocas.

EXUPÈRE.

Elle a pu les changer et ne les changer pas :
Et, plus que vous, seigneur, dedans l'inquiétude,
Je ne vois que du trouble et de l'incertitude.

HÉRACLIUS.
#### HERACLIUS.
Ce n'est pas d'aujourd'hui que je sais qui je suis ;
Vous voyez quels effets en ont été produits :
Depuis plus de quatre ans vous voyez quelle adresse
J'apporte à rejeter l'hymen de la princesse,
Où sans doute aisément mon cœur eût consenti
Si Léontine alors ne m'en eût averti.
#### MARTIAN.
Léontine ?
#### HERACLIUS.
Elle-même.
#### MARTIAN.
Ah ! ciel ! quelle est sa ruse !
Martian aime Eudoxe, et sa mère l'abuse.
Par l'horreur d'un hymen qu'il croit incestueux
De ce prince à sa fille elle assure les vœux ;
Et son ambition, adroite à le séduire,
Le plonge en une erreur dont elle attend l'empire.
Ce n'est que d'aujourd'hui que je sais qui je suis ;
Mais de mon ignorance elle espéroit ces fruits,
Et me tiendroit encor la vérité cachée
Si tantôt ce billet ne l'en eût arrachée.
#### PHOCAS à Exupère.
La méchante l'abuse aussi bien que Phocas.
#### EXUPÈRE.
Elle a pu l'abuser ou ne l'abuser pas.
#### PHOCAS.
Tu vois comme la fille a part au stratagème.
#### EXUPÈRE.
Et que la mère a pu l'abuser elle-même.
#### PHOCAS.
Que de pensers divers ! que de soucis flottans !
#### EXUPÈRE.
Je vous en tirerai, seigneur, dans peu de temps.

## ACTE IV, SCÈNE IV.

PHOCAS.

Dis-moi, tout est-il prêt pour ce juste supplice ?

EXUPÈRE.

Oui, si nous connoissions le vrai fils de Maurice.

HERACLIUS.

Pouvez-vous en douter après ce que j'ai dit ?

MARTIAN.

Donnez-vous à l'erreur encor quelque crédit !

HERACLIUS.

Ami, rends-moi mon nom : la faveur n'est pas grande ;
Ce n'est que pour mourir que je te le demande.
Reprends ce triste jour que tu m'as racheté,
Ou rends-moi cet honneur que tu m'as presque ôté.

MARTIAN.

Pourquoi, de mon tyran volontaire victime,
Précipiter vos jours pour me noircir d'un crime ?
Prince, qui que je sois, j'ai conspiré sa mort,
Et nos noms au dessein donnent un divers sort :
Dedans Héraclius il a gloire solide,
Et dedans Martian il devient parricide.
Puisqu'il faut que je meure illustre ou criminel,
Couvert ou de louange ou d'opprobre éternel,
Ne souillez point ma mort, et ne veuillez pas faire
Du vengeur de l'empire un assassin d'un père.

HERACLIUS.

Mon nom seul est coupable ; et, sans plus disputer,
Pour te faire innocent tu n'as qu'à le quitter ;
Il conspira lui seul, tu n'en es point complice.
Ce n'est qu'Héraclius qu'on envoie au supplice.
Sois son fils, tu vivras.

MARTIAN.

Si je l'avois été,
Seigneur, ce traître en vain m'auroit sollicité ;
Et, lorsque contre vous il m'a fait entreprendre,

La nature en secret auroit su m'en défendre.
### HERACLIUS.
Apprends donc qu'en secret mon cœur t'a prévenu.
J'ai voulu conspirer, mais on m'a retenu ;
Et dedans mon péril Léontine timide....
### MARTIAN.
N'a pu voir Martian commettre un parricide.
### HERACLIUS.
Toi que de Pulchérie elle a fait amoureux,
Juge sous les deux noms ton dessein et tes feux.
Elle a rendu pour toi l'un et l'autre funeste,
Martian parricide, Héraclius inceste,
Et n'eût pas eu pour moi d'horreur d'un grand forfait,
Puisque dans ta personne elle en pressoit l'effet.
Mais elle m'empêchoit de hasarder ma tête,
Espérant par ton bras me livrer ma conquête,
Ce favorable aveu dont elle t'a séduit
T'exposoit aux périls pour m'en donner le fruit ;
Et c'étoit ton succès qu'attendoit sa prudence
Pour découvrir au peuple ou cacher ma naissance.
### PHOCAS.
Hélas ! je ne puis voir qui des deux est mon fils ;
Et je vois que tous deux ils sont mes ennemis.
En ce piteux état quel conseil dois-je suivre ?
J'ai craint un ennemi, mon bonheur me le livre ;
Je sais que de mes mains il ne se peut sauver,
Je sais que je le vois, et ne puis le trouver.
La nature tremblante, incertaine, étonnée,
D'un nuage confus couvre sa destinée :
L'assassin sous cette ombre échappe à ma rigueur,
Et, présent à mes yeux, il se cache en mon cœur.
Martian ! A ce nom aucun ne veut répondre,
Et l'amour paternel ne sert qu'à me confondre.
Trop d'un Héraclius en mes mains est remis ;

Je tiens mon ennemi, mais je n'ai plus de fils.
Que veux-tu donc, nature? et que prétends-tu faire?
Si je n'ai plus de fils puis-je encore être père?
De quoi parle à mon cœur ton murmure imparfait!
Ne me dis rien du tout ou parle tout à fait.
Qui que ce soit des deux que mon sang ait fait naître,
Ou laisse-moi le perdre ou fais-le moi connoître.
O toi, qui que tu sois, enfant dénaturé
Et trop digne du sort que tu t'es procuré,
Mon trône est-il pour toi plus honteux qu'un supplice?
O malheureux Phocas! ô trop heureux Maurice!
Tu recouvres deux fils pour mourir après toi;
Et je n'en puis trouver pour régner après moi!
Qu'aux honneurs de la mort je dois porter envie,
Puisque mon propre fils les préfère à sa vie!

## SCÈNE V.

### PHOCAS, HÉRACLIUS, MARTIAN, CRISPE, EXUPÈRE, LÉONTINE, GARDES.

CRISPE à Phocas.

Seigneur, ma diligence enfin a réussi;
J'ai trouvé Léontine, et je l'amène ici.

PHOCAS à Léontine.

Approche, malheureuse!

HÉRACLIUS à Léontine.

Avouez tout, madame.

J'ai tout dit.

LÉONTINE à Héraclius.

Quoi, seigneur!

PHOCAS.

Tu l'ignores, infâme!

Qui des deux est mon fils?

LEONTINE.
                    Qui vous en fait douter?
HERACLIUS à Léontine.
Le nom d'Héraclius que son fils veut porter.
Il en croit ce billet et votre témoignage :
Mais ne le laissez pas dans l'erreur davantage.
            PHOCAS.
N'attends pas les tourmens, ne me déguise rien.
M'as-tu livré ton fils? as-tu changé le mien ?
            LEONTINE.
Je t'ai livré mon fils, et j'en aime la gloire.
Si je parle du reste, oseras-tu m'en croire ?
Et qui t'assurera que pour Héraclius,
Moi qui t'ai tant trompé, je ne te trompe plus ?
            PHOCAS.
N'importe, fais-nous voir quelle haute prudence
En des temps si divers leur en fait confidence,
A l'un depuis quatre ans, à l'autre d'aujourd'hui.
    LEONTINE en montrant les deux princes.
Le secret n'en est su ni de lui ni de lui ;
Tu n'en sauras non plus les véritables causes :
Devine si tu peux, et choisis si tu l'oses.
L'un des deux est ton fils, l'autre ton empereur.
Tremble dans ton amour, tremble dans ta fureur.
Je te veux toujours voir, quoi que ta rage fasse,
Craindre ton ennemi dedans ta propre race,
Toujours aimer ton fils dedans ton ennemi
Sans être ni tyran ni père qu'à demi.
Tandis qu'autour des deux tu perdras ton étude,
Mon ame jouira de ton inquiétude ;
Je rirai de ta peine, ou si tu m'en punis
Tu perdras avec moi le secret de ton fils.
            PHOCAS.
Et si je les punis tous deux sans les connoître,

## ACTE IV, SCÈNE V.

L'un comme Héraclius, l'autre pour vouloir l'être?
### LEONTINE.
Je m'en consolerai quand je verrai Phocas
Croire affermir son sceptre en se coupant le bras,
Et de la même main son ordre tyrannique
Venger Héraclius dessus son fils unique.
### PHOCAS.
Quelle reconnoissance, ingrate! tu me rends
Des bienfaits répandus sur toi, sur tes parens,
De t'avoir confié ce fils que tu me caches,
D'avoir mis en tes mains ce cœur que tu m'arraches,
D'avoir mis à tes pieds ma cour qui t'adoroit!
Rends-moi mon fils, ingrate.
### LEONTINE.
Il m'en désavoueroit;
Et ce fils, quel qu'il soit, que tu ne peux connoître,
A le cœur assez bon pour ne vouloir pas l'être.
Admire sa vertu qui trouble ton repos.
C'est du fils d'un tyran que j'ai fait ce héros;
Tant ce qu'il a reçu d'heureuse nourriture
Dompte ce mauvais sang qu'il eut de la nature!
C'est assez dignement répondre à tes bienfaits
Que d'avoir dégagé ton fils de tes forfaits.
Séduit par ton exemple et par sa complaisance,
Il t'auroit ressemblé s'il eût su sa naissance;
Il seroit lâche, impie, inhumain comme toi!
Et tu me dois ainsi plus que je ne te doi.
### EXUPÈRE.
L'impudence et l'orgueil suivent les impostures.
Ne vous exposez plus à ce torrent d'injures,
Qui, ne faisant qu'aigrir votre ressentiment,
Vous donne peu de jour pour ce discernement.
Laissez-la-moi, seigneur, quelques momens en garde
Puisque j'ai commencé, le reste me regarde:

Malgré l'obscurité de son illusion
J'espère démêler cette confusion.
Vous savez à quel point l'affaire m'intéresse.
PHOCAS.
Achève si tu peux, par force ou par adresse,
Exupère ; et sois sûr que je te devrai tout
Si l'ardeur de ton zèle en peut venir à bout !
Je saurai cependant prendre à part l'un et l'autre ;
Et peut-être qu'enfin nous trouverons le nôtre.
Agis de ton côté ; je la laisse avec toi :
Gêne, flatte, surprends. Vous autres, suivez-moi.

SCÈNE VI.

EXUPÈRE, LÉONTINE.

EXUPÈRE.
On ne peut nous entendre. Il est juste, madame,
Que je vous ouvre enfin jusqu'au fond de mon ame :
C'est passer trop long-temps pour traître auprès de vous :
Vous haïssez Phocas, nous le haïssons tous....
LÉONTINE.
Oui, c'est bien lui montrer ta haine et ta colère
Que lui vendre ton prince et le sang de ton père !
EXUPÈRE.
L'apparence vous trompe, et je suis en effet....
LÉONTINE.
L'homme le plus méchant que la nature ait fait.
EXUPÈRE.
Ce qui passe à vos yeux pour une perfidie....
LÉONTINE.
Cache une intention fort noble et fort hardie !
EXUPÈRE.
Pouvez-vous en juger puisque vous l'ignorez ?

Considérez l'état de tous nos conjurés :
Il n'est aucun de nous à qui sa violence
N'ait donné trop de lieu d'une juste vengeance ;
Et, nous en croyant tous dans notre ame indignés,
Le tyran du palais nous a tous éloignés.
Il y falloit rentrer par quelque grand service.

LEONTINE.

Et tu crois m'éblouir avec cet artifice ?

EXUPÈRE.

Madame, apprenez tout. Je n'ai rien hasardé.
Vous savez de quel nombre il est toujours gardé ;
Pouvions-nous le surprendre ou forcer les cohortes
Qui de jour et de nuit tiennent toutes ses portes ?
Pouvions-nous mieux sans bruit nous approcher de lui.
Vous voyez la posture où j'y suis aujourd'hui :
Il me parle, il m'écoute, il me croit ; et lui-même
Se livre entre mes mains, aide à mon stratagème.
C'est par mes seuls conseils qu'il veut publiquement
Du prince Héraclius faire le châtiment,
Que sa milice éparse à chaque coin des rues
A laissé du palais les portes presque nues :
Je puis en un moment m'y rendre le plus fort ;
Mes amis sont tous prêts : c'en est fait, il est mort ;
Et j'userai si bien de l'accès qu'il me donne
Qu'aux pieds d'Héraclius je mettrai sa couronne.
Mais après mes desseins pleinement découverts,
De grâce, faites-moi connoître qui je sers ;
Et ne le cachez plus à ce cœur qui n'aspire
Qu'à le rendre aujourd'hui maître de tout l'empire.

LEONTINE.

Esprit lâche et grossier, quelle brutalité
Te fait juger en moi tant de crédulité ?
Va, d'un piége si lourd l'appât est inutile,
Traître ; si tu n'as pas de ruse plus subtile....

EXUPÈRE.

Je vous dis vrai, madame ; et vous dirai de plus...
LEONTINE.
Ne me fais point ici de contes superflus :
L'effet à tes discours ôte toute croyance.
EXUPÈRE.
Eh bien ! demeurez donc dans votre défiance.
Je ne demande plus et ne vous dis plus rien ;
Gardez votre secret, je garderai le mien.
Puisque je passe encor pour homme à vous séduire,
Venez dans la prison où je vais vous conduire ;
Si vous ne me croyez, craignez ce que je puis.
Avant la fin du jour vous saurez qui je suis.

# ACTE CINQUIÈME.

## SCÈNE I.

### HÉRACLIUS.

Quelle confusion étrange
De deux princes fait un mélange
Qui met en discord deux amis!
Un père ne sait où se prendre;
Et plus tous deux s'osent défendre
Du titre infâme de son fils,
Plus eux-mêmes cessent d'entendre
Les secrets qu'on leur a commis.

Léontine avec tant de ruse
Ou me favorise ou m'abuse
Qu'elle brouille tout notre sort;
Ce que j'en eus de connoissance
Brave une orgueilleuse puissance
Qui n'en croit pas mon vain effort;
Et je doute de ma naissance
Quand on me refuse la mort.

Ce fier tyran qui me caresse
Montre pour moi tant de tendresse
Que mon cœur s'en laisse alarmer:
Lorsqu'il me prie et me conjure
Son amitié paroît si pure
Que je ne saurois présumer
Si c'est par instinct de nature
Ou par coutume de m'aimer.

Dans cette croyance incertaine
J'ai pour lui des transports de haine
Que je ne conserve pas bien.
Cette grâce qu'il veut me faire
Etonne et trouble ma colère ;
Et je n'ose résoudre rien
Quand je trouve un amour de père
En celui qui m'ôta le mien.

Retiens, grande ombre de Maurice,
Mon ame au bord du précipice
Que cette obscurité lui fait ;
Et m'aide à faire mieux connoître
Qu'en ton fils Dieu n'a pas fait naître
Un prince à ce point imparfait,
Ou que je méritois de l'être
Si je ne le suis en effet.

Soutiens ma haine qui chancelle ;
Et, redoublant pour ta querelle
Cette noble ardeur de mourir,
Fais voir... Mais il m'exauce, on vient me secourir.

## SCÈNE II.

### HÉRACLIUS, PULCHÉRIE.

HÉRACLIUS.

Oh! ciel! quel bon démon devers moi vous envoie,
Madame ?

PULCHÉRIE.

Le tyran, qui veut que je vous voie,
Et met tout en usage afin de s'éclaircir.

HÉRACLIUS.

Par vous-même en ce trouble il pense réussir !

## ACTE V, SCÈNE II.

PULCHERIE.

Il le pense, seigneur ; et ce brutal espère
Mieux qu'il ne trouve un fils que je découvre un frère,
Comme si j'étois fille à ne lui rien celer
De tout ce que le sang pourroit me révéler.

HÉRACLIUS.

Puisse-t-il par un trait de lumière fidèle
Vous le mieux révéler qu'il ne me le révèle !
Aidez-moi cependant, madame, à repousser
Les indignes frayeurs dont je me sens presser...

PULCHÉRIE.

Ah ! prince, il ne faut point d'assurance plus claire ;
Si vous craignez la mort vous n'êtes point mon frère.
Ces indignes frayeurs vous ont trop découvert.

HÉRACLIUS.

Moi la craindre, madame ! Ah ! je m'y suis offert.
Qu'il me traite en tyran, qu'il m'envoie au supplice,
Je suis Héraclius, je suis fils de Maurice :
Sous ces noms précieux je cours m'ensevelir,
Et m'étonne si peu que je l'en fais pâlir.
Mais il me traite en père, il me flatte, il m'embrasse ;
Je n'en puis arracher une seule menace :
J'ai beau faire et beau dire afin de l'irriter,
Il m'écoute si peu qu'il me force à douter.
Malgré moi comme fils toujours il me regarde ;
Au lieu d'être en prison, je n'ai pas même un garde.
Je ne sais qui je suis, et crains de le savoir ;
Je veux ce que je dois, et cherche mon devoir ;
Je crains de le haïr si j'en tiens la naissance ;
Je le plains de m'aimer si je m'en dois vengeance ;
Et mon cœur, indigné d'une telle amitié,
En frémit de colère et tremble de pitié :
De tous ses mouvemens mon esprit se défie ;
Il condamne aussitôt tout ce qu'il justifie.

La colère, l'amour, la haine et le respect
Ne me présentent rien qui ne me soit suspect :
Je crains tout, je fuis tout ; et dans cette aventure
Des deux côtés en vain j'écoute la nature.
Secourez donc un frère en ces perplexités.

PULCHÉRIE.

Ah ! vous ne l'êtes point puisque vous en doutez.
Celui qui comme vous prétend à cette gloire
D'un courage plus ferme en croit ce qu'il doit croire ;
Comme vous on le flatte, il y sait résister ;
Rien ne le touche assez pour le faire douter :
Et le sang, par un double et secret artifice,
Parle en vous pour Phocas comme en lui pour Maurice.

HÉRACLIUS.

A ces marques en lui connoissez Martian ;
Il a le cœur plus dur étant fils d'un tyran.
La générosité suit la belle naissance ;
La pitié l'accompagne et la reconnoissance.
Dans cette grandeur d'ame un vrai prince affermi
Est sensible au malheur même d'un ennemi ;
La haine qu'il lui doit ne sauroit le défendre,
Quand il s'en voit aimé, de s'en laisser surprendre,
Et trouve assez souvent son devoir arrêté
Par l'effort naturel de sa propre bonté.
Cette digne vertu de l'ame la mieux née,
Madame, ne doit pas souiller ma destinée.
Je doute ; et si ce doute a quelque crime en soi,
C'est assez m'en punir que douter comme moi ;
Et mon cœur, qui sans cesse en sa faveur se flatte,
Cherche qui le soutienne, et non pas qui l'abatte :
Il demande secours pour mes sens étonnés,
Et non le coup mortel dont vous m'assassinez.

PULCHÉRIE.

L'œil le plus éclairé sur de telles matières

Peut prendre de faux jours pour de vives lumières ;
Et comme notre sexe ose assez promptement
Suivre l'impression d'un premier mouvement,
Peut-être qu'en faveur de ma première idée
Ma haine pour Phocas m'a trop persuadée.
Son amour est pour vous un poison dangereux,
Et quoique la pitié montre un cœur généreux,
Celle qu'on a pour lui de ce rang dégénère.
Vous le devez haïr, et, fût-il votre père,
Si ce titre est douteux, son crime ne l'est pas.
Qu'il vous offre sa grâce ou vous livre au trépas,
Il n'est pas moins tyran quand il le favorise,
Puisque c'est ce cœur même alors qu'il tyrannise,
Et que votre devoir par là bien combattu,
Prince, met en péril jusqu'à votre vertu.
Doutez, mais haïssez ; et, quoi qu'il exécute,
Je douterai d'un nom qu'un autre vous dispute.
En douter lorsqu'en moi vous cherchez quelque appui,
Si c'est trop peu pour vous, c'est assez contre lui.
L'un de vous est mon frère, et l'autre y peut prétendre.
Entre tant de vertus mon choix se peut méprendre ;
Mais je ne puis faillir dans votre sort douteux
A chérir l'un ou l'autre et vous plaindre tous deux.
J'espère encor pourtant : on murmure, on menace ;
Un tumulte, dit-on, s'élève dans la place ;
Exupère est allé fondre sur ces mutins ;
Et peut-être de là dépendent nos destins.
Mais Phocas entre.

## SCÈNE III.

#### PHOCAS, HÉRACLIUS, MARTIAN, PULCHÉRIE, GARDES.

PHOCAS.
Eh bien ! se rendra-t-il, madame ?
PULCHERIE.
Quelque effort que je fasse à lire dans son ame,
Je n'en vois que l'effet que je m'étois promis :
Je trouve trop d'un frère, et vous trop peu d'un fils.
PHOCAS.
Ainsi le ciel vous veut enrichir de ma perte.
PULCHERIE.
Il tient en ma faveur leur naissance couverte :
Ce frère qu'il me rend seroit déjà perdu
Si dedans votre sang il ne l'eût confondu.
PHOCAS à Pulchérie.
Cette confusion peut perdre l'un et l'autre.
En faveur de mon sang je ferai grâce au vôtre :
Mais je veux le connoître ; et ce n'est qu'à ce prix
Qu'en lui donnant la vie il me rendra mon fils.
(A Héraclius.)
Pour la dernière fois, ingrat, je t'en conjure ;
Car enfin c'est vers toi que penche la nature ;
Et je n'ai point pour lui ces doux empressemens
Qui d'un cœur paternel font les vrais mouvemens.
Ce cœur s'attache à toi par d'invincibles charmes.
En crois-tu mes soupirs? en croiras-tu mes larmes?
Songe avec quel amour mes soins t'ont élevé,
Avec quelle valeur son bras t'a conservé ;
Tu nous dois à tous deux.

## ACTE V, SCÈNE III.

HERACLIUS.
            Et pour reconnoissance
Je vous rends votre fils, je lui rends sa naissance.

PHOCAS.
Tu me l'ôtes, cruel, et le laisses mourir.

HERACLIUS.
Je meurs pour vous le rendre et pour le secourir.

PHOCAS.
C'est me l'ôter assez que ne vouloir plus l'être.

HERACLIUS.
C'est vous le rendre assez que le faire connoître.

PHOCAS.
C'est me l'ôter assez que me le supposer.

HERACLIUS.
C'est vous le rendre assez que vous désabuser.

PHOCAS.
Laisse-moi mon erreur puisqu'elle m'est si chére.
Je t'adopte pour fils, accepte-moi pour pére :
Fais vivre Héraclius sous l'un ou l'autre sort ;
Pour moi, pour toi, pour lui fais-toi ce peu d'effort.

HERACLIUS.
Ah ! c'en est trop enfin, et ma gloire blessée
Dépouille un vieux respect où je l'avois forcée.
De quelle ignominie osez-vous me flatter ?
Toutes les fois, tyran, qu'on se laisse adopter,
On veut une maison illustre autant qu'amie ;
On cherche de la gloire et non de l'infamie ;
Et ce seroit un monstre horrible à vos états
Que le fils de Maurice adopté par Phocas.

PHOCAS.
Va, cesse d'espérer la mort que tu mérites ;
Ce n'est que contre lui, lâche, que tu m'irrites :
Tu te veux rendre en vain indigne de ce rang ;

Je m'en prends à la cause, et j'épargne mon sang.
Puisque ton amitié de ma foi se défie
Jusqu'à prendre son nom pour lui sauver la vie,
Soldats, sans plus tarder, qu'on l'immole à ses yeux;
Et sois après sa mort mon fils si tu le veux.

HÉRACLIUS.

Perfides, arrêtez.

MARTIAN.

Ah! que voulez-vous faire, Prince?

HÉRACLIUS.

Sauver le fils de la fureur du père.

MARTIAN.

Conservez-lui ce fils qu'il ne cherche qu'en vous;
Ne troublez point un sort qui lui semble si doux.
C'est avec assez d'heur qu'Héraclius expire,
Puisque c'est en vos mains que tombe son empire;
Le ciel daigne bénir votre sceptre et vos jours!

PHOCAS.

C'est trop perdre de temps à souffrir ces discours.
Dépêche, Octavian.

HÉRACLIUS à Octavian.

N'attente rien, barbare. Je suis....

PHOCAS.

Avoue enfin.

HÉRACLIUS.

Je tremble, je m'égare;
Et mon cœur....

PHOCAS à Héraclius.

Tu pourras à loisir y penser.

(A Octavian.)

Frappe.

## ACTE V, SCÈNE III.

HERACLIUS.
Arrête, je suis.... Puis-je le prononcer !

PHOCAS.
Achève, ou....

HERACLIUS.
Je suis donc, s'il faut que je le die,
Ce qu'il faut que je sois pour lui sauver la vie.
Oui, je lui dois assez, seigneur, quoi qu'il en soit,
Pour vous payer pour lui de l'amour qu'il vous doit;
Et je vous le promets entier, ferme, sincère,
Et tel qu'Héraclius l'auroit pour son vrai père :
J'accepte en sa faveur ses parens pour les miens.
Mais sachez que vos jours me répondront des siens :
Vous me serez garant des hasards de la guerre,
Des ennemis secrets, de l'éclat du tonnerre ;
Et, de quelque façon que le courroux des cieux
Me prive d'un ami qui m'est si précieux,
Je vengerai sur vous, et fussiez-vous mon père,
Ce qu'aura fait sur lui leur injuste colère.

PHOCAS.
Ne crains rien : de tous deux je ferai mon appui ;
L'amour qu'il a pour toi m'assure trop de lui :
Mon cœur pâme de joie, et mon ame n'aspire
Qu'à vous associer l'un et l'autre à l'empire.
J'ai retrouvé mon fils ; mais sois-le tout à fait,
Et donne-m'en pour marque un véritable effet ;
Ne laisse plus de place à la supercherie ;
Pour achever ma joie épouse Pulchérie.

HERACLIUS.
Seigneur, elle est ma sœur.

PHOCAS.
Tu n'es donc pas mon fils,
Puisque si lâchement déjà tu t'en dédis.

PULCHERIE.

Qui te donne, tyran, une attente si vaine ?
Quoi ! son consentement étoufferoit ma haine !
Pour l'avoir étonné tu m'aurois fait changer !
J'aurois pour cette honte un cœur assez léger !
Je pourrois épouser ou ton fils ou mon frère !

## SCÈNE IV.

### PHOCAS, HÉRACLIUS, PULCHÉRIE, MARTIAN, CRISPE, GARDES.

CRISPE.

Seigneur, vous devez tout au grand cœur d'Exupère;
Il est l'unique auteur de nos meilleurs destins :
Lui seul et ses amis ont dompté vos mutins ;
Il a fait prisonniers leurs chefs qu'il vous amène.

PHOCAS.

Dis-lui qu'il me les garde en la salle prochaine :
Je vais de leurs complots m'éclaircir avec eux.

## SCÈNE V.

### PHOCAS, HÉRACLIUS, PULCHÉRIE, MARTIAN, GARDES.

PHOCAS à Héraclius.

Toi cependant, ingrat, sois mon fils si tu veux :
En l'état où je suis je n'ai plus lieu de feindre ;
Les mutins sont domptés, et je cesse de craindre.
Je vous laisse tous trois.

(A Pulchérie.)

Use bien du moment
Que je prends pour en faire un juste châtiment;
Et si tu n'aimes mieux que l'un et l'autre meure,

Trouve ou choisis mon fils, et l'épouse sur l'heure :
Autrement, si leur sort demeure encor douteux,
Je jure à mon retour qu'ils périront tous deux.
Je ne veux point d'un fils dont l'implacable haine
Prend ce nom pour affront et mon amour pour gêne.
Toi...

PULCHÉRIE.

Ne menace point, je suis prête à mourir.

PHOCAS.

A mourir ! Jusque là je pourrois te chérir !
N'espère pas de moi cette faveur suprême ;
Et pense....

PULCHÉRIE.

A quoi, tyran ?

PHOCAS.

A m'épouser moi-même,
Au milieu de leur sang à tes pieds répandu.

PULCHÉRIE.

Quel supplice !

PHOCAS.

Il est grand pour toi ; mais il t'est dû :
Tes mépris de la mort bravoient trop ma colère.
Il est en toi de perdre ou de sauver ton frère ;
Et du moins, quelque erreur qui puisse me troubler,
J'ai trouvé les moyens de te faire trembler.

## SCÈNE VI.

### HÉRACLIUS, MARTIAN, PULCHÉRIE.

PULCHÉRIE.

Le lâche ! il vous flattoit lorsqu'il trembloit dans l'ame ;
Mais tel est d'un tyran le naturel infâme :
Sa douceur n'a jamais qu'un mouvement contraint ;
S'il ne craint il opprime, et s'il n'opprime il craint :

L'une et l'autre fortune en montre la foiblesse,
L'une n'est qu'insolence, et l'autre que bassesse :
A peine est-il sorti de ses lâches terreurs,
Qu'il a trouvé pour moi le comble des horreurs.
Mes frères, puisqu'enfin vous voulez tous deux l'être,
Si vous m'aimez en sœur faites-le-moi paroître.

HÉRACLIUS.

Que pouvons-nous tous deux lorsqu'on tranche nos jour[s]

PULCHÉRIE.

Un généreux conseil est un puissant secours.

MARTIAN.

Il n'est point de conseil qui vous soit salutaire
Que d'épouser le fils pour éviter le père.
L'horreur d'un mal plus grand vous y doit disposer.

PULCHÉRIE.

Qui me le montrera si je veux l'épouser ?
Et dans cet hyménée, à ma gloire funeste,
Qui me garantira des périls de l'inceste ?

MARTIAN.

Je le vois trop à craindre et pour vous et pour nous.
Mais, madame, on peut prendre un vain titre d'époux,
Abuser du tyran la rage forcenée,
Et vivre en frère et sœur sous un feint hyménée.

PULCHÉRIE.

Feindre, et nous abaisser à cette lâcheté !

HÉRACLIUS.

Pour tromper un tyran c'est générosité,
Et c'est mettre en faveur d'un frère qu'il vous donne
Deux ennemis secrets auprès de sa personne,
Qui, dans leur juste haine animés et constans,
Sur l'ennemi commun sauront prendre leur temps,
Et terminer bientôt la feinte avec sa vie.

PULCHÉRIE.

Pour conserver vos jours et fair mon infamie

47.

Feignons ; vous le voulez, et j'y résiste en vain.
Sus donc, qui de vous deux me prêtera la main ?
Qui veut feindre avec moi ? qui sera mon complice ?
#### HÉRACLIUS.
Vous, prince, à qui le ciel inspire l'artifice.
#### MARTIAN.
Vous que veut le tyran pour fils obstinément.
#### HÉRACLIUS.
Vous qui depuis quatre ans la servez en amant.
#### MARTIAN.
Vous saurez mieux que moi surprendre sa tendresse.
#### HÉRACLIUS.
Vous saurez mieux que moi la traiter en maîtresse.
#### MARTIAN.
Vous aviez commencé tantôt d'y consentir.
#### PULCHÉRIE.
Ah ! princes, votre cœur ne peut se démentir ;
Et vous l'avez tous deux trop grand, trop magnanime,
Pour souffrir sans horreur l'ombre même d'un crime.
Je vous connoissois trop pour juger autrement
Et de votre conseil et de l'événement ;
Et je n'y déférois que pour vous voir dédire :
Toute fourbe est honteuse aux cœurs nés pour l'empire.
Princes, attendons tout sans consentir à rien.
#### HÉRACLIUS.
Admirez cependant quel malheur est le mien :
L'obscure vérité, que de mon sang je signe,
Du grand nom qui me perd ne me peut rendre digne ;
On n'en croit pas ma mort ; et je perds mon trépas,
Puisque mourant pour lui je ne le sauve pas.
#### MARTIAN.
Voyez d'autre côté quelle est ma destinée,
Madame : dans le cours d'une seule journée

Je suis Héraclius, Léonce et Martian ;
Je sors d'un empereur, d'un tribun, d'un tyran.
De tous trois ce désordre en un jour me fait naître,
Pour me faire mourir enfin sans me connoître.

PULCHÉRIE.

Cédez, cédez tous deux aux rigueurs de mon sort ;
Il a fait contre vous un violent effort :
Votre malheur est grand ; mais, quoi qu'il en succède,
La mort qu'on me refuse en sera le remède :
Et moi... Mais que nous veut ce perfide ?

## SCÈNE VII.

### HÉRACLIUS, MARTIAN, PULCHÉRIE, AMINTAS.

AMINTAS.

Mon bras
Vient de laver ce nom dans le sang de Phocas.

HÉRACLIUS.

Que nous dis-tu ?

AMINTAS.

Qu'à tort vous nous prenez pour traîtres ;
Qu'il n'est plus de tyran ; que vous êtes les maîtres.

HÉRACLIUS.

De quoi ?

AMINTAS.

De tout l'empire.

MARTIAN.

Et par toi ?

AMINTAS.

Non, seigneur ;
Un autre en a la gloire, et j'ai part à l'honneur.

HÉRACLIUS.

Et quelle heureuse main finit notre misère ?

## ACTE V, SCÈNE VII.

AMINTAS.

Princes, l'auriez-vous cru? c'est la main d'Exupère.

MARTIAN.

Lui qui me trahissoit?

AMINTAS.

C'est de quoi s'étonner :
Il ne vous trahissoit que pour vous couronner.

HÉRACLIUS.

N'a-t-il pas des mutins dissipé la furie?

AMINTAS.

Son ordre excitoit seul cette mutinerie.

MARTIAN.

Il en a pris les chefs toutefois.

AMINTAS.

Admirez
Que ces prisonniers même avec lui conjurés
Sous cette illusion couroient à leur vengeance.
Tous contre ce barbare étant d'intelligence,
Suivis d'un gros d'amis, nous passons librement
Au travers du palais à son appartement.
La garde y restoit foible et sans aucun ombrage :
Crispe même à Phocas porte notre message.
Il vient : à ses genoux on met les prisonniers,
Qui tirent pour signal leurs poignards les premiers.
Le reste, impatient dans sa noble colère,
Enferme la victime ; et soudain Exupère,
« Qu'on arrête, dit-il; le premier coup m'est dû :
C'est lui qui me rendra l'honneur presque perdu. »
Il frappe, et le tyran tombe aussitôt sans vie,
Tant de nos mains la sienne est promptement suivie.
Il s'élève un grand bruit, et mille cris confus
Ne laissent discerner que Vive Héraclius!
Nous saisissons la porte, et les gardes se rendent.
Mêmes cris aussitôt de tous côtés s'entendent;

Et de tant de soldats qui lui servoient d'appui
Phocas aprés sa mort n'en a pas un pour lui.
### PULCHÉRIE.
Quel chemin Exupère a pris pour sa ruine !
### AMINTAS.
Le voici qui s'avance avecque Léontine.

## SCÈNE VIII.

### HÉRACLIUS, MARTIAN, PULCHÉRIE, LÉONTINE, EUDOXE, EXUPÈRE, AMINTAS, GARDES.

### HÉRACLIUS à Léontine.
Est-il donc vrai, madame ? et changeons-nous de sort?
Amintas nous fait-il un fidèle rapport ?
### LÉONTINE.
Seigneur, un tel succès à peine est concevable ;
Et d'un si grand dessein la conduite admirable...
### HÉRACLIUS à Exupère
Perfide généreux, hâte-toi d'embrasser
Deux princes impuissans à te récompenser.
### EXUPÈRE à Héraclius.
Seigneur, il me faut grace ou de l'un ou de l'autre;
J'ai répandu son sang si j'ai vengé le vôtre.
### MARTIAN.
Qui que ce soit des deux, il doit se consoler
De la mort d'un tyran qui vouloit l'immoler ;
Je ne sais quoi pourtant dans mon cœur en murmure.
### HÉRACLIUS.
Peut-être en vous par là s'explique la nature :
Mais, prince, votre sort n'en sera pas moins doux;
Si l'empire est à moi, Pulchérie est à vous :

## ACTE V, SCÈNE VIII.

Puisque le père est mort le fils est digne d'elle.
(A Léontine.)
Terminez donc, madame, enfin notre querelle.
### LÉONTINE.
Mon témoignage seul peut-il en décider ?
### MARTIAN.
Quelle autre sûreté pourrions-nous demander ?
### LÉONTINE.
Je vous puis être encor suspecte d'artifice.
Non, ne m'en croyez pas, croyez l'impératrice.
(A Pulchérie, lui donnant le billet.)
Vous connoissez sa main, madame ; et c'est à vous
Que je remets le sort d'un frère et d'un époux.
Voyez ce qu'en mourant me laissa votre mère.
### PULCHÉRIE.
J'en baise en soupirant le sacré caractère.
### LÉONTINE.
Apprenez d'elle enfin quel sang vous a produits,
Princes.
### HÉRACLIUS à Eudoxe.
Qui que je sois, c'est à vous que je suis.
### PULCHÉRIE lit le billet.
« Parmi tant de malheurs mon bonheur est étrange :
Après avoir donné son fils au lieu du mien
Léontine à mes yeux, par un second échange,
Donne encore à Phocas mon fils au lieu du sien.

Vous qui pourrez douter d'un si rare service,
Sachez qu'elle a deux fois trompé notre tyran :
Celui qu'on croit Léonce est le vrai Martian,
Et le faux Martian est vrai fils de Maurice. »
### CONSTANTINE.
### PULCHÉRIE à Héraclius.
Ah ! vous êtes mon frère.

HÉRACLIUS à Pulchérie.

Et c'est heureusement
Que le trouble éclairci vous rend à votre amant.

LÉONTINE à Héraclius.

Vous en saviez assez pour éviter l'inceste,
Et non pas pour vous rendre un tel secret funeste.
(A Martian.)
Mais pardonnez, seigneur, à mon zèle parfait
Ce que j'ai voulu faire, et ce qu'un autre a fait.

MARTIAN.

Je ne m'oppose point à la commune joie :
Mais souffrez des soupirs que la nature envoie.
Quoique jamais Phocas n'ait mérité d'amour
Un fils ne peut moins rendre à qui l'a mis au jour :
Ce n'est pas tout d'un coup qu'à ce titre on renonce.

HÉRACLIUS.

Donc pour mieux l'oublier soyez encor Léonce ;
Sous ce nom glorieux aimez ses ennemis,
Et meure du tyran jusqu'au nom de son fils.
(A Eudoxe.)
Vous, madame, acceptez et ma main et l'empire
En échange d'un cœur pour qui le mien soupire.

EUDOXE à Héraclius.

Seigneur, vous agissez en prince généreux.

HÉRACLIUS a Exupère et à Amintas.

Et vous dont la vertu me rend ce trouble heureux,
Attendant les effets de ma reconnoissance,
Reconnoissons, amis, la céleste puissance :
Allons lui rendre hommage, et d'un esprit content
Montrer Héraclius au peuple qui l'attend.

FIN D'HÉRACLIUS.

**JOLIES ÉDITIONS DE BONS OUVRAGES**
*à SEPT SOUS le vol.*

Chefs-d'œuvre de *Pierre et Thomas Corneille*, 5 vol.—Œuvres de *Racine*, 4.—*Boileau*, 2.—*Molière*, 8.—Fables de *Lafontaine*, 2.—*Bossuet*, Hist. univ., 2, Oraisons funèbres, 1.—Oraisons de *Fléchier*, *Bourdaloue*, etc., 2.—Petit Carême de *Massillon*, 1.—*Fénelon*, Télémaque, 2, Dialogue des morts, 1.—*Montesquieu*, Grandeur des Romains, 1, Lettres persannes, 2.—Catéchisme historique de *Fleury*, 1.—Caractères de *Labruyère*, 3.—Provinciales de *Pascal*, 2.—Maximes de *Larochefoucauld*, 1.—Lettres choisies de Mme de *Sévigné*, 2.—Les Mondes de *Fontenelle*, 1.—*Vertot*, Révolutions romaines, 4, de Suède, 2, de Portugal, 1.—*Saint-Réal*, Conjuration de Venise, 1.—*J.-B. Rousseau*, 2.—*Regnard*, 2.—L. *Racine*, 1.—Essais de *Montaigne*, 8.—*Voltaire*, Henriade, 1, Théâtre, 4, Siècle de Louis XIV, 6, Charles XII, 2, Hist. de Russie, 2, Essai sur les Mœurs, 8, Poésies, Épîtres, Contes, 2; Romans, 4.—*Rousseau*, Emile, 4.—*Le Sage*, Gil-Blas, 5, Diable boiteux, 2, Œuvres choisies, 2.—*Crébillon*, 3.—*Marmontel*, Bélisaire, 1, Incas, 2.—Fables de *Florian*, 1.—*Bernardin-de-Saint-Pierre*, Paul et Virginie, 1.—*Delille*, Géorgiques, 1.—*Chénier*, 1.—*Barthélemy*, Anacharsis, 8.—Mme de *Graffigny*, Lettres d'une Péruvienne, 1.—*Sterne*, Voyage sentimental, 1.—*Foe*, Robinson, 2.—*Swift*, Gulliver, 2.

www.ingramcontent.com/pod-product-compliance
Lightning Source LLC
Chambersburg PA
CBHW051906160426
43198CB00012B/1769